究極の英単語
セレクション

［極上の1000語］

向江龍治 著

Preface
はじめに

　本書に関し最初に指摘しておきたいことは「普通の単語帳なら書きませんでした」という点です。巷には単語帳や辞書が溢れていますし、筆者自身、英語教材を書く気は毛頭ありませんでした。
　本書はとても個人的な事情から出発しました。筆者は約20年間にわたり米国生活を送ってきましたが、その間の8年間はコロンビア大学大学院で政治学を勉強し、政治学博士号を取得しました。コロンビア時代、論文に使えそうな、あるいは日常生活に役立ちそうな英単語・表現を大学ノートに書きとめてきました。今でも参照するそのノートが8冊ほどたまったので、最近、使いやすいようアルファベット順に一冊にまとめることにしました。しかし眺めていると、英語と悪戦苦闘した日々の記憶が蘇ってきて、このまま私蔵するのはモッタイナイ、同じように英語で苦労している日本人と広くシェアしたい、と思い始めました。そこで英語教材出版で有名なアルクに持ち掛け、本書が誕生することとなりました。

　語彙の選択基準は、ですから非常に個人的なものです。アイビーリーグでの学びも含め、長い間、英語環境で生活してきましたが、英検一級の筆者でも知らない英単語が悔しいほどたくさんあります。その中から後で使えそうなものを集めてきました。それらを1000まで絞ってできあがったのが本書です。したがって本書は、上級者ないし上級に近い中級者を対象にしています。
　一般に日本人が話し、書く英語は残念ながら退屈なものです。語彙が少ないので同じ言葉を何度も使うからでしょう。本書の語彙をマスターし、実際に使えるようになれば、書いた英語がさらに英語らしくなり、相手のネイティブが感銘を受けるようになるはずです。なぜならその語彙は米国の知識層がよく使ったり、ネイティブにピンときたりするものだからです。相手に強い印象を与えることができるのです。相手への印象付けは、仕事であれ留学であれとても大切なことで、成功への第一歩になります。
　本書のもう一つの特色は例文です。類書では無機質な例文が多いようで

す。本書では、英語圏の一流新聞・雑誌に掲載されていた英文をヒントにして、例文を作りました。その結果、例文は自然でカラフルなものとなりましたし、単語はより鮮明に頭に残るはずです。900以上の例文を吟味していただいた知人の米国人シナリオ作家、クレイ・カムーシュ氏およびアルクのネイティブ社員の方にここで感謝したいと思います。

　関連語彙では、知っておくべき類語や反意語、当該単語と紛らわしい単語などを選びました。また、単語をより良く理解する上で役立つ社会的・文化的背景、例文に出てくる固有名詞、単語の語源、単語が使用される文脈の区別（ポジティブかネガティブか）などを必要に応じて解説しました。

　本書に関して決まった学習方法はありません。強いて言えば、

① 読本として読む
② 今月は「動詞」だけ、来月は「名詞」だけという具合に品詞ごとに勉強する
③ 学習時に必ず、付属の CD を聞く
④ 全部終えたら同じ過程を繰り返し、頭に刷り込む
⑤ 本書をマスターしたら今度は自分の単語帳を作る

といったことでしょうか。⑤を追加したのは、自分の集めた語彙には愛着がわいて、なかなか忘れないからです。

　最後になりましたが、8冊の古ぼけたノートが1冊の本へと華麗な変身を遂げることができたのはひとえに、株式会社アルク編集部の菊地田孝子さんの応急適切な援助と激励のおかげです。ここに感謝します。

向江龍治
2008年7月　ニューヨークにて

英検一級の人でも知らない英単語が
怖いほどたくさんあります！
向江龍治

Contents
目次

はじめに ……………………………………………………………… p.002
本書の特徴 …………………………………………………………… p.006
本書の使い方 ………………………………………………………… p.008
本書で使用する記号の説明 ………………………………………… p.010
CD取り扱い注意

LEVEL1【究極レベル１】………………………………………… p.011
大学教育を受けた米国人が日常的に使用する語彙
動詞…p.012 ／名詞…p.022 ／形容詞・副詞…p.034 ／熟語・成句…p.044

LEVEL 2【究極レベル2】………………………………………… p.053
大学教育を受けた米国人がしばしば使用する語彙
動詞…p.054 ／名詞…p.066 ／形容詞・副詞…p.078 ／熟語・成句…p.096

LEVEL 3【究極レベル3】………………………………………… p.113
大学院以上の教育を受けた米国人が、
ここぞという時に使う語彙
動詞…p.114 ／名詞…p.146 ／形容詞・副詞…p.186 ／熟語・成句…p.226

【関連語リスト】……………………………………………………… p.268
究極レベル１〜３の語彙の反意語、類義語、同義語、派生語などの
中から特に重要なものをピックアップしたリスト

Column　Mr. 向江の英語ライフ
①これが私の英単語習得法 …………………… p.021
②公私にわたって活用するメディア ………… p.033
③簡単な単語が報道英語で変身 ……………… p.095
④時代によって変遷する英語表現 …………… p.145
⑤ブラウンバッグ・レクチャー ……………… p.185
⑥脳への適度なノイズで学習効率アップ …… p.225
⑦忘れられないフレーズ ……………………… p.267

Index ………………………………………………………………… p.272

Features
本書の特徴

1 在米20年間の語彙の蓄積が、この1冊に凝縮！

　米国生活20年の中で、アカデミズム、マスメディアの世界に身を置き、さまざまな文献やメディアに取り組んできた筆者が厳選した、「極上の1000語」。

　それらは、米国の知識人が当然のように使っていながら、日本人は上級者でもなかなか知らない、あるいは使いこなせていない、という単語やフレーズばかりです。そしてそのどれもが、はやりすたりのない、一生使える語彙なのです。

　一見手ごわそうに思えるかもしれませんが、英語力をグレードアップさせたい、英語圏の情報を現地発のメディアや文献でダイレクトに吸収したい、と考える学習者なら、ぜひとも身に付けておきましょう。

本書に登場する語彙は以下のように分類してあります。

LEVEL1 【究極レベル1】
大学教育を受けた米国人が日常的に使用する語彙
—— 日本人がこれを理解・使用できないと「英語ができる」とは言えません。

LEVEL 2 【究極レベル2】
大学教育を受けた米国人がしばしば使用する語彙
—— これを使える日本人は本当の英語上級者。

LEVEL 3 【究極レベル3】
大学院以上の教育を受けた米国人が、ここぞという時に使う語彙
—— ノン・ネイティブがこれを使えたらネイティブは驚きます。

【関連語彙】
究極レベル1～3の語彙の反意語、類義語、同義語、派生語などの中から特に重要なものをピックアップしたリスト

2 一流メディアの英文がベースの格調高く、自然で多彩な例文

　例文は、一流の雑誌や新聞、あるいは実際の公的文書など、知識階層の米国人が日常触れている英文をベースにしています。したがって、ネイティブ仕様の語彙やスタイルが満載。自然でカラフルな例文によって、語句のイメージはより鮮やかに頭に刻み込まれるでしょう。

　そして、政治・経済・カルチャーなどさまざまなトピックが織り込まれた、これら手応えのある例文を読み込んでいけば、語彙が身に付くだけでなく、グレードの高い英文を読みこなす力も自然に付くはずです。

3 語句と例文を音声で聞きながら、立体的に学習

　究極レベル1〜3の「動詞」「形容詞」「副詞」「熟語・成句」については、見出し語と例文はすべてCDに収録されています。

　本書を読んで語句が頭に入ったら、次は音声で聞いて、さらにしっかり定着させましょう。例文については、シャドーイングやリピーティングなどを取り入れた練習をしてみるのもよいでしょう。

　自信のある人は、まず音声で聞いてみて、どのくらい理解できるかチャレンジしてみる、という方法もあります。

　なお、「名詞」については、「英語→日本語→英語」の順で見出し語だけを収録してあります。日本語を聞いたらすぐに英語が口から出るようになるまで、聞き込みましょう。

　読者それぞれの語彙力、リスニング力に応じて、本とCDを使ったさまざまな学習方法を試してみてください。

How to use
本書の使い方

究極レベル
使用頻度に応じ、1〜3まで分類してあります。1の使用頻度が最も高くなります。

品詞などの分類
それぞれのレベルの中で、動詞／名詞／形容詞・副詞／熟語・成句の順で分類されてあります。

CDのトラック番号
英文に対するCDのトラック番号を示しています。CDには、動詞、形容詞・副詞、熟語・成句は見出し語と例文が収録されていますが、名詞については、見出し語が「英語→日本語→英語」のスタイルで収録されています。

意味による分類
語句を記憶しやすいように、それぞれの語句の持つ意味やイメージごとに分類してあります。品詞ごとにさまざまな分類項目があります。

見出し語
単語と発音記号です。「熟語・成句」では、メインの単語のみ発音記号を記しています。数字は見出し語の通し番号です。単語を覚えたらチェックボックスに印を入れていきましょう。3巡できるようにボックスは3つ用意してあります。何語覚えたのか目安にしてください。

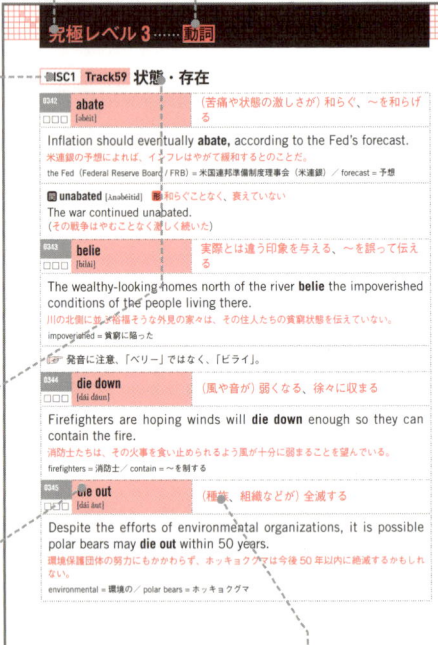

見出し語の意味
「特に現代の英米の知識人が使用している文脈」の中での語義を取り上げています。したがって、市販の英語の辞書とは、表記や語義の優先順位が異なる場合もあります。

008

例文と訳・注釈

例文は、英米のメディアをベースにしたものです。これらを読み込んでいくだけで、語彙力・読解力がつくはずです。注釈付きなので、辞書要らず！

関連語リスト

紹介した語句の類義語、反意語、その他関連語の中から特に重要なものをピックアップしています。
これらも併せて覚えれば、[極上の1000語]に到達！

Mr. 向江の英語ライフ

著者によるコラム。英語学習のコツ、メディア英語の変遷、心に残るフレーズなど、在米20年以上の向江氏ならではのトピック。学習の息抜きにお読みください。

チェックシート

見出し語や例文の訳など、重要な部分はチェックシートで隠すことができます。語彙をマスターできたかどうか確認する時に使用してください。

解説

紹介した語句の意味や由来、背景知識、ほかの使い方、特に覚えておくべき反意語、類義語、その他の品詞としての意味、ほかの品詞に変化した語、その他の関連語が掲載されています。巻末の「関連語彙リスト」はこれらの反意語、類義語など関連語の中からピックアップした語句を掲載しています。

Icons
本書で使用する記号の説明

品詞の記号

動 …動詞

名 …名詞

形 …形容詞

副 …副詞

品詞以外の記号

類 …類義語
見出し語と意味が同じ、または似ている語です。

反 …反意語
見出し語と反対の意味の語です。

関 …関連語
類義語、反意語以外に、見出し語と何らかの関連性のある語です。

☞ …解説
紹介した語句の意味の由来や背景知識、例文以外の使い方などを解説しています。

＊CD取り扱い注意
●弊社制作の音声CDは、CDプレーヤーでの再生を保証する規格品です。
●パソコンでご使用になる場合、CD-ROMドライブとの相性により、ディスクを再生できない場合がございます。ご了承ください。
●パソコンでタイトル・トラック情報を開示させたい場合は、iTunesをご利用ください。iTunesでは、弊社がCDのタイトル・トラック情報を登録しているGracenote社のCDDB（データベース）からインターネットを介してトラック情報を取得することができます。
●CDとして正常に音声が再生できるディスクからパソコンやmp3プレーヤー等への取り込み時にトラブルが生じた際は、まず、そのアプリケーション（ソフト）、プレーヤーの製作元へご相談ください。

究極レベル1

LEVEL 1

大学教育を受けた米国人が日常的に使用する

動詞	012
名詞	022
形容詞・副詞	034
熟語・成句	044

ここをマスターしないと「英語ができる」とは言えない！

 start! ➡

究極レベル 1 ……動詞

DISC1 Track01 状態・存在

0001 blunder into
[blʌ́ndər intu]
ヘマをして（困難な状況に）陥る

We **have blundered into** a war that cannot be won.
われわれは、勝てない戦争に陥ってしまった。

0002 differ
[dífər]
（意見などを）異にする

We **differ** greatly on the issue of abortion.
私たちは妊娠中絶問題に関して、大きく意見が異なる。
issue = 問題／abortion = 妊娠中絶

☞ differ from A [人] on B [事柄]（Bに関してAと意見を異にする）の形でよく使われる。

0003 hail from
[héil frəm]
〜の出身である

Although they became famous in New York, all of the band's members **hail from** Israel.
そのバンドはニューヨークで有名になったが、メンバー全員がイスラエル出身だ。

☞ 空間的に「ある土地の出身」という意味だけでなく、時間的に「特定の時代に属する」という意味にも使われる。
He hails from the 1960's.
（彼は60年代の人間だ）

0004 lay out
[léi áut]
（物事の概要を）説明する・規定する

The book **lays out** in detail the problems facing the modern conservative movement.
その本は、現代の保守運動が直面する諸問題を詳細に説明している。
in detail = 詳細に／conservative = 保守的

0005 rein in
[réin in]

（人や行動を）制御する・抑える

We have stopped going out to dinner every night in an attempt to **rein in** our spending.

私たちは、出費を抑えるために、毎晩、外食するのをやめた。

in an attempt to 〜 = 〜しようとして、〜するために／ spending = 出費

☞ 原義は「手綱を引いて馬を止める」。

0006 rout
[ráut]

〜に圧勝する、（敵を）敗走させる

A coalition of three nations **routed** the rebel forces.

三カ国の連合軍が反乱軍に圧勝した。

coalition = 連合、合同／ rebel forces = 反乱軍

0007 rule out
[rú:l áut]

（何かの可能性を）排除する・選択肢から外す

I don't think we should **rule out** nuclear weapons as an option in the war on terrorism.

私は、対テロ戦争における選択肢の一つとして、核兵器を排除すべきだとは思わない。

nuclear weapons = 核兵器／ option = 選択肢／ war on terrorism = 対テロ戦争

0008 square with
[skwέər wəð]

〜と一致する・合致する

His support of gay marriage did not **square with** the beliefs of his fellow conservatives.

同性婚に対する彼の支持は、仲間の保守主義者たちの信念と一致しなかった。

gay marriage = 同性婚／ fellow = 仲間（の）／ conservatives = 保守主義者

究極レベル1 …… 動詞

0009 vest [vést]
（権限などを）与える

Control of the media **is vested** in the hands of a small number of global corporations.
メディア支配権は、少数のグローバル企業の手中にある。
a small number of ～ = 少数の～／global corporations = 世界規模の企業

☞ vest A [事柄] in B [人] （BにAの権限を付与する）の形でよく使われる。
☞ a vested interest（既得権）は必須表現。

DISC1 Track02 コミュニケーション

0010 alert [ələ́ːrt]
～に警告する・通報する

Police **were** first **alerted** to the hijacking by train passengers calling from their mobile phones.
警察は電車乗っ取りの第一報を乗客の携帯電話から受けた。
hijacking = 乗っ取り／passengers = 乗客／mobile phones = 携帯電話

☞ alert A [人] to B [事柄] （AにBに関して警告する）の形でよく使われる。

0011 assert [əsə́ːrt]
～を断言する・強く主張する

The president **asserted** that more must be done to fight AIDS.
大統領は、エイズと闘うため、もっと多くのことがなされなければならないと断言した。
AIDS = エイズ

類 affirm [əfə́ːrm] ～を断言する・肯定する

0012 break [bréik]
（ニュースなどを）初めて知らせる

She waited until morning to call her kids and **break** the news of the death of their grandmother.
彼女は朝まで待って子供たちに電話し、彼らの祖母が亡くなったことを初めて告げた。
kids = 子供

☞ テレビの newsbreak は「速報」。

状態・存在〜コミュニケーション〜行為

0013 stall [stɔ́ːl]
時間稼ぎをする、先延ばしにする、言葉を濁す

With the groom still missing 10 minutes before the wedding, the bride's father **stalled** for time by singing a song.

結婚式の10分前になっても花婿が現れないので、花嫁の父は歌を歌って時間稼ぎをした。

groom = 花婿／ bride = 花嫁
※ the bride and groom は日本語の「新郎新婦」に相当。

☞ stallだけでも「時間稼ぎをする」の意味があるが、stall for timeとすると意味が強まる。

0014 table [téibl]
① (議論のために提案を) 提出する
② (議題を) 棚上げにする

① The Treasury **has tabled** reform proposals for cabinet consideration.

大蔵省は、内閣審議のために改革案を提出した。

② A controversial plan to raise taxes on gasoline has **been tabled** for now.

ガソリン税値上げという物議を醸す計画は、さし当たり、棚上げされた。

the Treasury = 大蔵省 (英)、財務省 (米)／ reform proposals = 改革案／ cabinet = 内閣／ consideration = 審議／ controversial = 物議の種となる／ for now = さし当たり

☞ 英国では①の意味、米国では②の意味で使われることが多い。

DISC1 Track03 行為

0015 capitalize [kǽpətəlàiz]
利用する、便乗する

He **has capitalized** on his military background, telling voters he is best suited to lead during a time of war.

彼は自分の軍隊経験を売り物にし、戦時の指導者として自分が一番適格だと有権者に語った。

military background = 軍隊経験／ best suited = 一番適格な

☞ capitalize on 〜 (〜を利用する) の形でよく使われる。

究極レベル1 …… 動詞

0016 cite [sáit]
①〜を(法廷に)召喚する、〜に出頭命令を出す　②〜を表彰する

① The officer **cited** me for drunk driving after I failed the breathalyzer test.
呼気テストに落ちた後、警官は飲酒運転のかどで私に出頭命令を出した。

② The high school principal's office **cited** him for his academic achievements.
高校の校長は、学業優秀との理由で彼を表彰した。

officer = 警官／drunk driving = 飲酒運転／breathalyzer test = 呼気テスト／achievements = 業績

☞ 第一義は「引用する」。
☞ cite A [人] for B [事柄] (AをBの理由で召喚[表彰]する) の形でよく使う。
名 citation [saitéiʃən] 召喚、表彰

0017 compile [kəmpáil]
(情報などを)収集し編集する

The author's first two novels **were compiled** into a single book that became a bestseller.
その作家の最初の小説2冊が1冊にまとめられ、ベストセラーとなった。

author = 作家、著者

0018 deliver [dilívər]
〜を解放する

It seemed nothing would **deliver** the city from the crime and drugs that ruled the streets.
街を牛耳る犯罪と麻薬から、その市を解放する手立てはないように思われた。

ruled = 〜を支配した

☞ deliver A from B (AをBから解放する) の形でよく使う。

0019 excise [iksáiz]
(文章などを)削除する、(物体の一部を)切り取る

He **excised** a few controversial parts of his keynote speech a few hours before he delivered it.
彼は基調演説を行う数時間前に、演説文中の問題になりそうな個所をいくつか削除した。

controversial = 物議の種になりそうな／keynote speech = 基調演説／delivered = (演説などを)行った

☞ 同じつづりの名詞exciseは「物品税」の意味。「削除する」はciのiにアクセントがあるが、「物品税」は最初のeにある。

行為

| 0020 | **execute** [éksikjù:t] | ① (計画などを) 実施する
② ～を死刑にする |

① He **executed** the project without any problems.
彼はそのプロジェクトを何の問題もなく遂行した。

② I'm not a supporter of the death penalty, but I can understand why people think that he should **be executed**.
私は死刑を支持していないが、彼は死刑になるべきだという人々の考えは理解できる。

death penalty (capital punishment) = 死刑

| 0021 | **farm** [fá:rm] | ～を養殖する |

He became a millionaire **farming** salmon.
彼はサケの養殖で大金持ちになった。

millionaire = 大金持ち、百万長者

☞ 名詞のfarm「農場」を動詞にすると、「農業をする」のほかに、「養殖する」という意味にもなる。

類 **culture** [kʌ́ltʃər] ～を養殖する

cultured pearls
(養殖真珠)

| 0022 | **seek out** [sí:k áut] | (人や情報などを) 探し出す |

Our goal is to **seek out** young and gifted musicians.
われわれの目標は、若くて才能のある音楽家を探し出すことである。

gifted = 才能のある

究極レベル1 …… 動詞

0023 sign on [sáin ɔ́ːn]
① 署名して支持する
② (仕事の) 契約をする

① More than 50 lawmakers **have signed on** to the senator's healthcare bill.
50人以上の議員がその上院議員の保健医療法案に署名し、支持した。

② Harrison Ford **signed on** for the first *Indiana Jones* film at the age of 39.
ハリソン・フォードは39歳の時、最初の「インディ・ジョーンズ」映画に出演する契約をした。

lawmakers = 立法者、議員／healthcare = 保健医療／bill = 法案

☞ ①はsign on to〜、②はsign on for〜の形でよく使われる。

0024 track [trǽk]
(犯人や遺失物を) 追跡する

Tracking down terrorists is a major part of our mission in this country.
テロリストを追跡することは、この国におけるわれわれの任務の重要部分を占める。

terrorists = テロリスト／mission = 任務、使命

☞ track down (〜を追跡する) の形でよく使われる。

0025 vet [vét]
(人や物を) 厳格に審査・調査する

Fifty carefully **vetted** people asked questions at the president's supposedly informal talk.
注意深く身元調査をされた50人の人々が、大統領との非公式とされる対話の場で質問をした。

supposedly = 〜とされる
※この例文には、carefully vettedの表現を使うことで一種のヤラセという含みを持たせている。

☞ veterinarian (獣医) の略語vetに由来。獣医が動物を厳密に診察することから。

DISC1 Track04 知覚・思考

0026 anticipate [æntísəpèit]
～を想定する・予期する

I did not **anticipate** the concert would sell out so quickly.
そのコンサートがそんなに早く売り切れになるとは私は予想しなかった。
sell out = 売り切れる

0027 entertain [èntərtéin]
(考えや構想を)心に抱く

I **entertained** the possibility that we might actually win the World Cup this year.
私たちのチームが今年、ワールドカップで本当に優勝するかもしれないという可能性を心に抱いた。
actually = 本当に、実際に

☞ entertain the idea of (～という考えを抱く)という形でよく使われる。

0028 factor in [fæktər in]
～を考慮に入れる・織り込む

Analysts believe the market **has factored in** rising oil prices.
アナリストたちは、市場が石油価格の上昇をすでに織り込み済みだと考えている。
analysts = アナリスト、分析者

0029 fire up [fáiər ʌp]
(人・感情を)燃え立たせる

He is an incredible speaker. I get **fired up** whenever I hear him.
彼はすごい話し手だ。彼の話を聞くといつも私は気持ちが燃え上がる。
incredible = すごい、素晴らしい

☞ "I am fired up, I am ready to go." は2008年大統領選キャンペーンで民主党候補のバラク・オバマが使ったスローガン。

究極レベル 1 …… 動詞

0030 lament [ləmént]
~を嘆き悲しむ・後悔する

I have come to **lament** the day I left my home town in Italy.
私は、イタリアの故郷を去った日を嘆き悲しむようになった。

☞ 名詞も同形。
名 lament 嘆き
形 lamentable [ləméntəbl]　痛ましい、不出来の
I think this government is the worst we have ever had and that the opposition is just as lamentable.
(思うに、この政府はこれまでで最悪だが、野党も同じく嘆かわしい)

0031 reel [ri:l]
動揺する、ショックを受ける

Investors continue to **reel** from the falling value of the dollar.
投資家たちは、ドルの下落に動揺し続けている。
investors = 投資家

☞ reel from (~のことで動揺する) の形でよく使われる。

0032 sit back [sít bǽk]
リラックスする

When I'm on vacation, I'd rather **sit back** and relax on a beach than go sightseeing.
休暇中、私はどちらかといえば、観光をするよりも浜辺でゆったりとリラックスする方が好きだ。
on vacation = 休暇中で／go sightseeing = 観光をする

☞ sit backだけでも「リラックスする」だが、sit back and relaxと続くと意味が強まる。

Mr. 向江の英語ライフ
Break Time Column
from N.Y. 1

これが私の英単語習得法

私の英単語習得法を紹介します。当たり前ですが、英語を読んでいて分からない単語を辞書で引く。その中から「これは論文やレポートに使えそう」とか「あの日本語表現の英訳にピッタリ」とか「とても英語らしい表現」と感じた単語・表現をノートに書き写します。その際、単語、意味、品詞、出合った例文を書き込みます。ノートが一冊終わった段階でそれを別のノートにアルファベット順に転記し、サイクルを終えます（今はエクセルを使えば簡単）。

語彙の増やし方ですが、効率的なやり方の一つは語源を調べて類語を探すことです。例えば suicide（自殺）の語源は sui（= self）＋ cide（= kill）です。そこで cide を含む単語を探します。genocide（大量殺戮）、patricide（父殺し）、matricide（母殺し）、fratricide（兄弟殺し）、regicide（国王殺し）、pesticide（農薬）などなど。

英単語習得法は自分の性格に合ったやり方を選べば良いのですが、どんな方法にせよ大切なことが一つあります。それは persevere、すなわちやり続けることです。面倒くさがるとそこでストップします。忍耐強く続けることです。

究極レベル 1 …… 名詞

DISC1 Track05 政治・経済・法律

0033 boon [búːn]
恩恵、利益

The author's prior fame as an actor has been a **boon** to his book sales.
その作家が以前、有名な俳優だったことは、彼の本の売り上げに恩恵をもたらしてきた。
prior = 以前の／ fame = 名声

0034 defendant [diféndənt]
被告

The judge ordered the **defendant** to perform 40 hours of community service.
裁判官は被告に対して、40時間の地域奉仕活動を行うよう命令した。
community service = 地域奉仕活動（法律用語としては、投獄しないで地域のために無償労働をさせる一種の刑罰）

反 plaintiff [pléintif]　原告
関 accused [əkjúːzd]　(刑事裁判の)被告 ⇔ **accuser** [əkjúːzər]　(刑事裁判の)原告

0035 divestiture [divéstətʃər]
①資本引き揚げ　②（企業資産の）一部売却

② Last year the company began its **divestiture** of its disappointing software division.
昨年、その会社は期待はずれのソフトウェア部門の売却を開始した。
disappointing = 期待はずれの／ software division = ソフトウェア部門

類 ①divestment [divéstmənt] / **disinvestment** [dìsinvéstmənt]　投資の引き揚げ・撤収

0036 downside [dáunsàid]
（株の）下落傾向、欠点

The rising cost of steel is just one of many **downside** risks to the automaker's stock performance.
鋼鉄価格の上昇は、その自動車メーカーの株価にとって、数ある下落リスクの一つに過ぎない。
stock performance = 株式業績、株価

☞ 決まり文句はdownside risk（値下がりリスク）。

政治・経済・法律

LEVEL 1

0037 mandate [mǽndeit]
信任、負託、権限

President Bush believed that his narrow victory in 2004 gave him a **mandate** for his conservative agenda.

ブッシュ大統領は、2004年の僅差の選挙勝利により、彼の保守的な政策が信任されたと信じた。

narrow victory = 僅差による勝利／conservative agenda = 保守的な政策

☞ 和訳しづらい英単語の一つ。主意は「主権者である選挙民が選挙を通じて政治家・政府に権限を委託すること」。

0038 mortgage [mɔ́:rgidʒ]
住宅ローン、抵当

We can barely afford the **mortgage** on our new home.

私たちは新居の住宅ローンを支払うのに精一杯だ。

barely = かろうじて〜する

☞ tは発音しない。
☞ 決まり文句としてsubprime mortgage（低所得者用住宅ローン）。近年、米国で破綻して、世界中に波紋が広がった。

0039 squadron [skwádrən]
（空軍）飛行大隊、（海軍）小艦隊、（陸軍）中隊

The 13th Bombing **Squadron** has flown in every major war since 1917.

第13爆撃大隊は、1917年以降のあらゆる主要な戦争に参戦してきた。

bombing squadron = 爆撃大隊

☞ 飛行大隊は普通、航空機14機から成る。

0040 stalwart [stɔ́:lwərt]
政党の熱心な支持者、強い信念の人

Republican Party **stalwarts** continued to support the candidate even after his arrest.

共和党の熱心な党員たちは、その候補が逮捕された後もまだ彼を支持し続けた。

Republican Party = 共和党／candidate = 候補者

DISC1 Track06 社会・関係性

0041 accolade [ǽkəlèid]
賞賛、栄誉

A North Dakota high school has received national **accolades** for having the highest test scores in the country.
ノースダコタ州にある高校が、国内で最高の試験結果を出したことで全米の賞賛を集めた。

☞ 通常、複数形。

0042 competition [kàmpətíʃən]
競争相手、競争、競技会

Remember that your **competition** is working just as hard to win as you are.
君の競争相手は、勝つために君と同じくらい一生懸命にやっているということを忘れるな。
just as ~ as ... =…と同じくらいに~である

☞ 「競争」のほかに「競争相手(= competitor)」という意味もある。ビジネス・メディアではcompetitorよりもcompetitionのほうをよく使う。
形 competitive [kəmpétətiv] 競争の、競争を好む

0043 given [gívən]
既定事実、当然の事柄、与件

Whenever I wash my clothes, it is a **given** that at least one sock will disappear.
私が洗濯をするといつも決まって、少なくとも靴下の片方がなくなる。
disappear = 消えてなくなる

0044 traction [trǽkʃən]
影響力、牽引力

The open source software movement began to gain **traction** in the early 2000's.
オープンソース・ソフトウェア運動は 2000 年代初期に影響力を持ち始めた。
movement =(社会)運動

DISC1 Track07 言語・学問・芸術

0045 memorandum
[mèmərǽndəm]
覚書、備忘録

Following the meeting, the company issued employees a **memorandum**, which elaborated on the new policies.

会合の後、会社は従業員に覚書を配ったが、それには会社の新方針が詳しく説明されていた。

issued =(人に)配布した／ employees = 従業員 (⇔ employers = 雇用主)／ elaborated on = 〜について詳しく説明した

☞ 短縮形はmemoで、複数形はmemorandumsあるいはmemoranda。

☞ memoir(回想録)と混同しないように。

0046 pointer
[pɔ́intər]
助言、ヒント

Our math teacher gave us a few **pointers** to help us solve the equation.

私たちの数学教師は、その等式を解く上での助言をいくつか与えてくれた。

math = 数学／ equation = 等式

☞ 複数形で使われることが多い。

0047 representation
[rèprizentéiʃən]
抗議、説明、陳情

The French government has made **representations** to officials at different levels of the American government concerning the war on terrorism.

フランス政府は対テロ戦争に関し、米国政府のさまざまなレベルの担当者に対して抗議をしてきた。

government = 政府／ concerning = 〜に関する／ war on terrorism = 対テロ戦争

☞ 単数形で使う場合は「政治上の代表」「表現」という意味。
proportional representation(比例代表制)

☞ 複数形では「陳情」「抗議」の意味になる。make representations(抗議する、陳情する)の形でよく使われる。

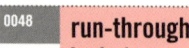

0048 run-through [rʌ́nθrùː]
(芝居の) 通しげいこ、通読、要約

We saw the cast perform a **run-through** of the play before it was opened to the public.
私たちは、その芝居が一般公開される前に、出演者全員が通しげいこをするのを見た。
the cast = 出演者全員／was opened to the public = 一般公開された

DISC1 Track08 行為

0049 antic [ǽntik]
奇行、悪ふざけ、馬鹿げた行為

Lindsay Lohan has won more headlines with her offstage **antics** than her film performances.
リンジー・ローハンは、映画での演技よりも私生活でのあきれた行為の方で、多くの見出しになってきた。
headlines = 新聞などの見出し／offstage = 私生活での
※ローハンは米国の女優・歌手。

☞ 通常、複数形。

0050 lapse [lǽps]
過失、ちょっとした間違い、(時間の) 経過

The security **lapse** was attributed to a malfunctioning metal detector.
セキュリティー上の過失は、金属探知機の不具合が原因だった。
was attributed to = 〜が理由だった／malfunctioning = 不調の／metal detector = 金属探知機

0051 quest [kwést]
追求、探求、目標

He remains undeterred in his **quest** to become the new hot dog eating champion.
彼はホットドッグ食い競争のチャンピオンになるという目標をくじけずに抱いている。
undeterred = くじけない

☞ in one's quest to〜 (〜を追求して) の形でよく使われる。
類 **search** [sə́ːrtʃ] 捜索、追求

言語・学問・芸術〜行為〜出来事・現象

DISC1 Track09 出来事・現象

0052 clash [klǽʃ]
衝突

The **clash** between cultures is perhaps most pronounced in the area of food preference.
異なる文化間の衝突はおそらく、食べ物のえり好みという分野で一番はっきりしているだろう。
cultures = 文化／ is pronounced = 目だつ／ preference = えり好み

☞ 日本人は英語聞き取りでLとRの区別ができない。それで書き言葉でもLとRを混同しがちだ。clash、crash、crushの3つをきちんと区別できる人は何人いるだろう。clashは「思想や考え方の衝突」、crash [krǽʃ] は「自動車の追突・衝突、飛行機の墜落」を意味する。そしてcrush [kráʃ] は「固形物を砕いたり、果物などを搾ってジュースにする」時に使われる。

a fatal car crash
（死者の出た自動車事故）
crushed ice
（砕いた氷）

0053 glitch [glítʃ]
（小さな技術上の）障害・問題

Many people believe he lost the election due to a computer **glitch**.
彼はコンピューターの障害のせいで選挙に負けた、と信じる人は多い。
election = 選挙／ due to = 〜の理由で

☞ computer glitchや software glitchという表現がよく使われる。

究極英単語の土台であるレベル1をしっかりマスターしましょう！

究極レベル1……名詞

0054 respite [réspit]
一時休息、(刑の) 執行猶予

In the middle of August, temperatures dropped unexpectedly, offering vacationers **respite** from one of the hottest summers on record.

8月の真ん中で気温が予想外に下がったため、行楽客たちは、観測史上屈指の夏の暑さから一息ついた。

in the middle of = 〜の真ん中で／ temperatures = 気温／ unexpectedly = 予想外に／ vacationers = 行楽客／ on record = 記録上

☞ 成句のrespite careは日本語の「デイケア」に相当。

0055 snag [snǽg]
予期せぬ障害

The airplane was grounded due to a technical **snag**.

その飛行機は、予期せぬ技術的障害で離陸できなかった。

was grounded = 飛行不能で地上にとどまった／ technical = 技術的な

DISC1 Track10 性格・傾向・人

0056 demeanor [dimí:nər]
物腰、態度、振る舞い

The judge was remembered best for his friendly smile and quiet **demeanor**.

その判事は、優しい微笑みと静かな物腰で最も人々の記憶に残った。

0057 heir [ɛ́ər]
相続人、跡取り

As the **heir** of a German financial dynasty, he has never had to worry about money.

ドイツ金融界の名門の跡取りとして、彼はお金の心配をする必要は一度もなかった。

financial dynasty = 金融の名門／ worry about = 〜を心配する

☞ hは発音しない。
☞ 正式の「法定相続人」の場合はheir apparentと呼ぶ。

0058 insight
[ínsàit]

洞察、優れた意見

The research report offers an **insight** into how global business models are changing.
その研究報告書は、グローバルビジネスのモデルがどのように変化しつつあるかについての識見を与えてくれる。
research report = 研究報告書

☞ insight into（〜に関する洞察）の形でよく使う。

0059 knack
[nǽk]

（物事の）コツ

She seems to have a **knack** for choosing winning horses.
彼女は、勝ち馬を選ぶコツを知っているように思える。

☞ have a knack for（〜のコツを得ている）の形でよく使う。

0060 long-shot
[lɔ́ːŋ ʃɑ̀t]

成功しそうもない計画、勝ち目のなさそうな選手・候補、確率が極めて低いこと

The possibility of resolving the conflict soon is a **long-shot**, since these two political groups have been fighting for over 100 years.
この紛争が早急に解決する可能性は極めて低い。なぜならこの二つの政治集団は100年以上争ってきたからである。
resolving = 〜を解決すること／conflict = 紛争

究極レベル1……名詞

DISC1 Track11 場所・位置・形

0061 berth [bə́ːrθ]
（船の）停泊所、停泊位置

The ship is at its **berth** in the Port of New Jersey in preparation for a trans-Atlantic voyage.
その船は現在、大西洋横断航海の準備のため、ニュージャージー港に停泊中だ。
in preparation for = 〜の準備をして／trans-Atlantic = 大西洋横断の

☞ そのほかの意味として「（船や電車の）寝台」、「（スポーツ競技の）出場枠・出場権」など。
☞ 発音はbirth（誕生）と同じ。

0062 climate [kláimit]
（社会的な）環境、風潮

A law legalizing gay marriage is unlikely to pass in this conservative **climate**.
このような保守的風潮の中では、同性婚を合法化する法案は通過しそうにない。
legalizing = 〜を合法化する／gay marriage = 同性婚／unlikely to = 〜しそうにない／conservative = 保守的

☞ 原義は「（自然界の）気候」。
形 climatic [klaimǽtik] 気候の、風土的な
climatic change
（気候変動）

0063 facade [fəsάːd]
建物の正面、ファサード、（物事の）外見

The new construction has revealed the building's original **facade**, which had been covered in a previous renovation.
新しい建設作業により、前回の改築で見えなくなっていた本来の建物の外観があらわになった。
has revealed = 〜を明らかにした、あらわにさせた／previous renovation = 前回の改築

☞ フランス語からきた単語。
☞ 「（物事の）外見」という比喩的な意味ではネガティブな意味で使われることが多い。

0064 predicament [prɪdíkəmənt]
苦境、困難な状況

After his racist comments were leaked to the media, the congressman found himself in a political **predicament** that would eventually ruin his career.

人種差別発言がメディアに漏れた後、その議員は政治的苦境に陥ったが、おそらくこれで彼の経歴はダメになるだろう。

racist = 人種差別的／ were leaked to = ～に漏れた／ congressman = (下院) 議員／ ruin = ～をダメにする

☞ アクセントに注意。dicのiにある。
☞ in a predicament (苦境にあって) の形でよく使う。

DISC1 Track12 その他

0065 diagnosis [dàiəgnóusɪs]
(病気の) 診断、(事物の) 判断

After I received the **diagnosis** of cancer, I looked at life very differently.

私はがんと診断された後、人生観がすごく変わった。

cancer = がん

形 diagnostic [dàiəgnǽstɪk] 診療の
反 prognosis [prɑgnóusɪs] 予後、治療後の経過予測

0066 flare [fléər]
照明弾、照明灯、照明弾炎のゆらめき、(感情などの) 燃え上がり

Highway patrol officers placed a trail of **flares** on the road to illuminate the way around the accident.

ハイウェーパトロール警官たちは、事故現場の迂回路を照らすため、一連の照明灯を路上に設置した。

officers = 警官／ a trail of = 一連の／ illuminate = ～を照らす

☞ 決まり文句はemergency flare (非常用照明灯)／flare-up (病気の突然の再発)。
☞ ちなみに発音が同じflairは「天賦の才」。artistic flair (芸術的才能)

0067 podium [póudiəm]
演台、指揮台、表彰台

By the time the speaker left the **podium** he had the audience enchanted.
演台から去るころには、その講師はもう、聴衆をすっかり魅了していた。
by the time = 〜するころには／audience = 聴衆／enchanted = うっとりさせられた

残るは形容詞・副詞、熟語・成句です。「究極」の土台はもう少しで完成！

Mr. 向江の英語ライフ
Break Time Column
from N.Y. 2

公私にわたって活用するメディア

専門誌は別にしてマスメディアでは、新聞は『ニューヨークタイムズ』(『タイムズ』)、『ワシントンポスト』(『ポスト』)、『クリスチャンサイエンスモニター』(『モニター』)、雑誌は『ニューズウィーク』、『エコノミスト』、『フォーリンアフェアーズ』、テレビはCNN、ラジオはCBSです。『タイムズ』は国際面と米国経済面、『ポスト』は国際面と米国政治面で定評があります。ローカル記事では『タイムズ』はやはりニューヨークなので話題が盛りだくさんで面白く、『ポスト』は地元ワシントンが官庁街なのでやや退屈。また、『モニター』を宗教新聞と誤解している人がいますが、同紙は客観的で良質な国際記事(特に人権・人道問題)を載せています。

速報はテレビ、ラジオや上記新聞のオンライン版でキャッチします。ブログは時間がないので読みません。雑誌では『エコノミスト』がピカイチ。クセはありますが、優れた分析をします。米国各界のトレンドを知る上で重宝するのは『ニューズウィーク』。外交問題の主流派論調は『フォーリンアフェアーズ』で知ります。職場で見る24時間ニュースのCNNは発足当初は見るに耐えない内容でしたが、今はまともな分析・解説をします。ラジオではCBSが政治経済のバランスが良く、しゃべる速度も適度です。朝起きて仕事場に行くまで聞きっぱなしにしています。そして、一番活用するソースはやはり、『タイムズ』です。

究極レベル 1 ⋯⋯ 形容詞&副詞

DISC1 Track13 形状・性質・外見・状態

0068 bald [bɔ́:ld]
（タイヤが）すり減った

Driving with **bald** tires increases the chances of an accident.
すり減ったタイヤでの運転は、事故の危険性を高める。
chances = 危険性、可能性

☞ bold [bóuld]（大胆な）と間違えないように。

0069 contentious [kənténʃəs]
① （問題が）議論を呼ぶ
② （人が）議論好きな

① Several days of **contentious** talks in the Senate have led to no new developments in the bill and a lot of bitter feelings.
上院での数日間にわたるけんけんごうごうの討論は、同法案に関して何の新展開ももたらさず、むしろ苦々しい感情が残った。
Senate = 上院／ new developments = 新展開／ bill = 法案／ bitter = 苦々しい

類 **controversial** [kàntrəvə́:rʃəl] 議論の種になる

0070 hardy [há:rdi]
丈夫な、元気な

In his youth he was a **hardy** athlete, able to run a mile in five minutes.
若いころの彼は頑健な運動選手で、1マイルを5分間で走った。
in his youth = 彼の若いころ／ athlete = 運動選手

0071 immaculate [imǽkjulət]
清浄な、穢（けが）れのない

Unlike most boys his age, he kept his room looking **immaculate**.
同年代のおおかたの少年と違って、彼は自分の部屋をいつも清潔にしていた。
unlike = ～と違って

☞ 大文字で始まるとカトリック教の「無原罪の」という意味。
Immaculate Conception
（無原罪の宿り）

0072 phony [fóuni]
いんちきな、にせの

The bartender quickly spotted the girls' **phony** IDs and kicked them out of the bar.
そのバーテンダーは少女たちのにせの身分証明書をすぐに見破り、バーから彼女たちを追い出した。
bartender = バーテン／ spotted = ～を見破った／ kicked ～ out of = ～を追い出した（実際にけるわけではない）

☞ 名詞も同形。
名 phony にせもの

DISC1 Track14 感情・感覚

0073 appalled [əpɔ́ːld]
ギョッとして、愕然として

I was **appalled** to see the waiter leave the restroom without washing his hands.
私はウエーターがトイレから手を洗わないで出るのを目撃し、あぜんとした。

☞ appalledを使うと、強い批判や抗議の感情が含まれる。
形 appalling [əpɔ́ːliŋ] ギョッとさせる

0074 arresting [ərréstiŋ]
印象的な、人目を引く

The exhibition contains the artist's **arresting** series of oil paintings depicting life in colonial Africa.
展覧会では、その画家の、植民地時代のアフリカの生活を描いた印象的な油絵の連作も展示される。
exhibition = 展覧会／ contains = ～を含む／ depicting = ～を描いた／ colonial = 植民地（時代）の

類 eye-catching [áikætʃiŋ] 人目を引く
類 impressive [imprésiv] 強い印象を与える

究極レベル1 —— 形容詞&副詞

0075 blatant [bléitənt]
露骨な、見え透いた

His firing was a **blatant** act of racism.
彼の解雇は、露骨な人種差別主義的行為だった。
firing = 解雇／racism = 人種差別主義

☞「(うそなどが) 見え透いた」の意味でもよく使われる。
a blatant lie
(見え透いたウソ)

0076 lackluster [lǽklʌ̀stər]
輝きのない、活気のない

With customers worried about saving money, sales at the Manhattan boutique have been **lackluster**.
顧客が節約を心掛けるようになっているので、そのマンハッタンのブティックの売り上げはずっとパッとしない。
customers = 顧客／sales = 売り上げ

0077 thrilled [θríld]
わくわくして、興奮して

Dallas Cowboys' fans are **thrilled** about the signing of the new quarterback.
ダラス・カウボーイズのファンたちは、その新しいクォーターバックの契約に興奮している。
fans = ファン／signing = 契約

☞ 常にポジティブな意味で使われる。

0078 weary [wíəri]
疲れて、うんざりして

Weary travelers can take a break from driving at one of the many rest stops along the highway.
ドライブに疲れた旅行者たちは、ハイウエー沿いにたくさんある休憩所の一つで休むことができる。
take a break = 休憩する／rest stops = 休憩所

DISC1 Track15 態度・姿勢

0079 cavalier [kæv(ə)líər]
横柄な、無頓着な、平然とした

Today's generation of young women take a **cavalier** attitude towards cosmetic surgery.
今日の若い世代の女性は、美容整形手術に対して無頓着な態度をとる。
generation = 世代／ attitude = 態度／ cosmetic surgery（plastic surgery）= 美容整形手術

☞ 原義は「騎士」「礼儀正しい男」という名詞だが、現在、形容詞としてはややネガティブな意味を持つ。

0080 intent [intént]
決心して、躍起になって

The mayor is **intent** on renovating the museum before he leaves office.
市長は、退任する前にその美術館の改築をしようと躍起になっている。
mayor = 市長／ renovating = 改修すること／ leaves office = 退任する

☞ intent on（～に躍起になる）の形でよく使われる。

0081 measured [méʒərd]
慎重な、適度の

We should take a more **measured** approach when dealing with other nations.
私たちは、外国と交渉する時、もっと慎重なアプローチをするべきだ。
dealing with = ～と交渉して・取引して

0082 rash [ræʃ]
向こう見ずな、軽率な

You should consider all options instead of making a **rash** decision.
軽率に決定を下さないで、あらゆる選択肢を検討すべきです。
options = 選択肢／ instead of = ～せずに、～の代わりに

☞ ちなみに同形の名詞は「発疹」「(嫌なことの)頻発」という意味で使われる。
a rash of car accidents
（自動車事故の頻発）

DISC1 Track16 能力

0063 articulate [ɑːrtíkjulət]
(発言などが) 理路整然とした、明瞭にものを言える

Her **articulate** speeches never fail to impress audiences.
彼女の理路整然とした講演はいつも必ず聴衆を感心させる。
never fail to = いつも必ず〜する／impress = 〜に印象付ける、〜を感心させる

☞ 動詞も同形。
動 articulate　〜をはっきりと述べる・はっきり発音する
☞ 米国ではこの形容詞を黒人など人種的少数派に使うと差別と見なされることがある。「教育レベルの低い黒人にしては物をハッキリしゃべれる」といったニュアンスが含まれるからだ。

0084 seasoned [síːznd]
経験豊かな、手慣れた

As a **seasoned** traveler, I can say that this small town is one of the most unique places in Europe.
旅慣れた旅行者として私は、この小さな町はヨーロッパで最もユニークな場所の一つと断言できる。

0085 visionary [víʒənèri]
想像力豊かな、構想力のある、先見の明のある

His **visionary** leadership guided the company through its worst period.
彼が先見の明を持って指揮したおかげで、同社は最悪の時期を切り抜けた。
leadership = 指導／guided 〜 through ... = 〜を導いて…を切り抜けさせた

☞ 名詞も同形。
名 visionary　先見の明のある人
☞ かつては「非現実的な」「夢想的な」といったネガティブな意味だったが、今はポジティブなニュアンスを持つ。

DISC1 Track17 位置関係・相対関係・立場

0086 akin
[əkín]

類似の、同類の

Paying workers in the developing world such low wages is **akin** to slavery.

発展途上世界の労働者にそのような低賃金を払うのは、奴隷制に似ている。

the developing world = 発展途上世界／ low wages = 低賃金／ slavery = 奴隷制

☞ be akin to (= be similar to: 〜に似ている) の形でよく使われる。

0087 deserving
[dizə́ːrviŋ]

(称賛、非難などに) 値する

The award will be given to a **deserving** student who has demonstrated the best academic progress.

その賞を与えるにふさわしいのは、最も学力が進歩した生徒だ。

award = 賞

0088 underlying
[Àndərláiiŋ]

根底にある、暗黙の

The book's **underlying** problem is the failure of the author to pay sufficient attention to the psychology of his main character.

本書の根底にある問題は、著者が主人公の心理に十分な注意を払わなかったことにある。

sufficient = 十分な／ psychology = 心理

☞ 経済用語としてよく使われる。
underlying asset
(原資産：先物取引やオプション取引などの対象となる商品)

DISC1 Track18 程度・度合い

0089 adequate [ǽdikwət]
まあまあの、平凡な

Our income is **adequate** to pay our kids' tuitions.
私たちの収入は子供たちの学費を支払うのに何とか間に合っている。

☞ 形容詞adequateは、「適切に」と訳されることが多いが、ニュアンスが違う。実際は「何とか合格点」という意味でよく使われるので、会社の上司からYour performance has been adequate.と言われたらご用心!

0090 daunting [dɔ́:ntiŋ]
(仕事などが)気力をくじきそうな、気の遠くなるような

We face the **daunting** task of having to rebuild the collapsed building with little money.
私たちは、倒壊した建物をほとんど資金がない状態で建て直すという気の遠くなるような仕事に直面する。
collapsed building = 倒壊した建物

0091 imminent [ímənənt]
(事態が)急迫した、切迫した

We disagree on whether Iraq posed an **imminent** threat to the U.S.
われわれは、イラクが米国に切迫した脅威を与えたか否かの点で意見が異なる。
posed a threat to = ~に脅威を与えた

☞ 発音が同じimmanent(内在的)と間違えないように。

0092 pointed [pɔ́intid]
(批判などが)厳しい、辛辣な

The press officer came under **pointed** criticism from the press for denying interviews with executives of her company.
その広報担当者は、同社幹部へのインタビューを拒否したことでメディアから辛辣な批判を浴びた。
press officer = 広報担当者 / came under = ~を被った / criticism = 批判 / the press = メディア

0093 rampant [rǽmpant]
猛威をふるう、はびこる

Crime is **rampant** in this part of the city and authorities suggest tourists stay in their hotels at night.

同市のこの地区は犯罪がはびこっているので、当局は観光客に対し、夜間はホテルにとどまるよう促している。

authorities = 当局／tourists = 観光客

☞ crime（犯罪）、corruption（汚職）、inflation（インフレ）といった良くないことを形容するのに使われる。

0094 rife [ráif]
（良くないもので）満ちて

The rumor is that cheating is **rife** at this university and often goes unpunished.

噂によると、この大学ではカンニングが横行しており、それは往々にして罰せられないままらしい。

rumor = 噂／cheating = カンニング／goes unpunished = 罰せられないままですむ

☞ rife with（= full of：〜に満ちて）の形でよく使われる。

0095 robust [roubʌ́st]
強健な、強固な、確固とした

A **robust** economy generally leads to greater housing demand.

一般に、堅調な経済は住宅需要の増大につながる。

generally = 一般に／leads to = 〜につながる／housing demand = 住宅需要

☞ 経済関係によく使われる言葉。
robust economic growth
（確固とした経済成長）

究極レベル1 …… 形容詞&副詞

DISC1 Track19 数・時間

0096 interim [íntərəm]
暫定の、当座の

The **interim** agreement between Israel and Palestine was signed in 1995.
イスラエル、パレスチナ間の暫定協定が1995年に締結された。
agreement = 協定／was signed = 締結された

☞ 経済用語としてもよく使われる。
interim dividend
（中間配当）
☞ 名詞も同形。
名 interim　暫定措置

0097 premature [prìːmətʃúər]
早熟の、時期尚早の、早産の

High blood pressure in women is one of many factors that can lead to a **premature** birth.
女性の高血圧は、早産につながり得る数多くの要因の一つである。
high blood pressure = 高血圧

☞ premature birth（早産）、premature baby（未熟児）などの形でよく使われる。
☞ immature（未熟な）と混同しないように注意。

0098 upcoming [ʌ́pkʌ̀miŋ]
（行事などが）近づきつつある、今度の

I hope the **upcoming** elections focus on the issues and not on the candidates' personalities.
私は、今度の選挙が候補者の性格ではなく、争点に重点が置かれることを望んでいる。
focus on = ～に集中する／issues = 争点／candidates = 候補者／personalities = 性格

☞ up-and-comingだと「（人が）将来性のある」「待望の」という意味になるので注意。

0099 wee [wíː]
早朝の

The construction of the building across the street always wakes me up in the **wee** hours of the morning.
通りの反対側のビル建設のせいで、私はいつも早朝に起こされる。

construction = 建設／ across the street = 通りの反対側で

☞ wee hours（早朝）の形でよく使われる。通常は、朝の１時ごろから４時ごろまでを指す。

副詞

DISC Track20

0100 arguably
[á:rgjuəbli]

ほぼ間違いなく

Martin Scorsese was **arguably** the finest American director to emerge in the 1970's.

マーティン・スコセッシが1970年代に登場した米国人映画監督の中でベストだったことは、ほぼ間違いない。

director = 映画監督／ emerge = 出現する

☞ 断定を和らげるため、最上級形容詞の前によく置かれる。

0101 otherwise
[ʌ́ðərwàiz]

①別なふうに　②さもないと

① I expect to be sent to Bermuda by my company in the next two weeks unless I hear **otherwise**.

別の話が持ち上がらない限り、私は会社によって2週間後にバミューダに送り出されることを覚悟している。

unless = 〜しない限り

☞ ②では文頭に置いて、接続詞的に使われる（＝if not）。

0102 reportedly
[ripɔ́:rtidli]

伝えられるところによれば

Although his actual income is unknown, he is **reportedly** worth $500 million.

彼の実際の所得は不明だが、伝えられるところでは、彼の資産は5億ドルらしい。

☞ 新聞でよく使われる表現。

究極レベル 1 ── 熟語・成句

動詞句

DISC1 Track21 状態・存在

0103 catch on with 〜の間で人気を得る

Though the book has been available since 1998, it only began to **catch on with** readers after the release of the film adaptation.

その本は1998年から入手可能だったが、映画化作品が公開されて初めて、読者に人気が出始めた。

available = 入手可能な／release = 公開、発表／film adaptation = 映画化作品

0104 die hard (習慣などが)なかなか変わらない、なくならない

I prefer a typewriter to a computer because old habits **die hard**.

私はコンピューターよりもタイプライターの方が好きなんだ、昔からの習慣はなかなか変わらないものでね。

prefer 〜 to ... = …よりも〜を好む／habits = 習慣

die-hard / diehard 名 頑固な保守主義者　形 頑固で妥協しない

0105 pass muster [mʌ́stər] 基準に達する、通用する

His new restaurant was reviewed well in the local magazines, but it wouldn't **pass muster** in a major market like New York or London.

彼の新しいレストランは地元雑誌では高い評価を受けたが、ニューヨークやロンドンなどの大きなマーケットでは通用しないだろう。

was reviewed well = 良い批評を受けた

☞ musterの原義は「検閲、(兵隊などの)点呼」。「検閲に合格する」から「基準に達する、通用する」の意味でよく使われるようになった。

動詞句　状態・存在～行為

0106 wind up with
結局～で終わる

When I went to Las Vegas, I brought $1,000 to play at the casinos. I **wound up with** $50 by the end of my trip.

ラスベガス旅行で、カジノの賭け金用に1000ドル持参したが、旅の終わりには結局、50ドルになってしまった。

casinos = カジノ／by the end of = ～の終わりまでには

DISC1 Track22 行為

0107 crack down on
～を厳重に取り締まる・弾圧する

Police have recently begun to **crack down on** gangs in the city's south end.

警察は最近、同市南端部でギャングを厳重に取り締まり始めた。

名 crackdown [krǽkdàun]　厳重取締、弾圧

0108 plead guilty to [pliːd]
～の罪を認める

His lawyer advised him to **plead guilty to** the drug charge.

弁護士は彼に対し、麻薬取締法違反の容疑に関して罪を認めるよう勧告した。

lawyer = 弁護士／drug charge = 麻薬取締法違反の容疑

反 plead not guilty to　～の無罪を申し立てる

0109 stand up to
～に勇敢に立ち向かう

We should not be afraid to **stand up to** our elected leaders when they take the country in the wrong direction.

われわれは、選挙で選ばれた指導者たちが国を間違った方向に持って行く時に、彼らに勇敢に立ち向かうことを恐れるべきではない。

elected leaders = 選出された指導者、政治家

究極レベル1 ⋯⋯ 熟語・成句

0110 take out
① (ローンなどを) 借りる・組む　② (敵などを) やっつける

① If you **take out** a loan, make sure it is one you can afford.

| ローンを組むなら、自分が支払えるものであることを確認しなさい。 | can afford = 〜する余裕がある |

② John Wayne became famous by playing cowboys and soldiers who **take out** the bad guys.

| ジョン・ウエインは、悪党どもをやっつけるカウボーイ役や兵士役を演じて有名になった。 | bad guys = 悪党、悪漢 |

☞「人を連れて行く」「食べ物を店から持ち帰る」のほかにもいろいろな意味がある。
take it out on
(〜に八つ当たりする)

DISC1 Track23 知覚・思考

0111 come across as
〜という印象を与える

Though he is only 25, he **comes across as** much older.

彼はまだ25歳だが、もっと年をとっているような印象を与える。

0112 come up with
(計画などを) 案出する・考え付く

He is an amazing songwriter who can always **come up with** the right lyrics to fit a melody.

| 彼は驚くべき作詞家で、いつもメロディーにぴったりと合う歌詞を考え付くことができる。 | amazing = 驚くべき／songwriter = 作詞家／lyrics = 歌詞 |

名詞句

DISC1 Track24 出来事・現象

0113 twists and turns — 紆余曲折

The novel's many **twists and turns** will keep the reader turning pages.

| その小説は紆余曲折に富んでいるので、読者は本を置かずに読み続けるだろう。 | turning pages = ページを繰る |

形容詞句

DISC1 Track25 位置関係・相対関係・立場

0114 at large — (容疑者などが) 無拘束で、逃走中で

Despite the FBI's 10-year search, the serial killer is still **at large**.

| FBIによる10年間の捜査にもかかわらず、その連続殺人犯は拘束されていない。 | despite = 〜にもかかわらず／serial killer = 連続殺人犯 |

☞ このlargeは「無拘束」「自由」という意味の名詞で、形容詞ではない。
☞ ハイフン入りのat-largeだと、「全域代表の」という意味になる。
an at-large seat on the New Orleans City Council
(ニューオリンズ市議会の市全域選出議席)

0115 at the front — ①先頭に立って ②戦線で、出征して

① She was **at the front** through the entirety of the marathon.

| 彼女はそのマラソンの全行程中、先頭を走っていた。 | entirety = 全体 |

② 類 **on the frontline** 戦闘の最前線にいて

DISC1 Track26 程度・度合い

0116 in one's prime
~の全盛の、~の絶頂期の

Muhammad Ali, **in his prime**, was the greatest boxer I have ever seen.

絶頂期のモハメド・アリは、私が見た限りで最も偉大なボクサーだった。

0117 in the red
赤字で

The company cut its staff by half last year and closed five of its assembly plants, but it is still **in the red**.

同社は昨年、従業員の半分を解雇し、組み立て工場を5つ閉鎖したが、まだ赤字である。

staff = 従業員／assembly plants = 組み立て工場

反 **in the black** 黒字で

0118 root-and-branch
徹底的な、抜本的な

The senator called for a **root-and-branch** reform of Medicare.

その上院議員は、メディケアの抜本的な改革を要求した。

called for = ~を要求した／reform = 改革／Medicare = (米国の) 老齢者健康保険

副詞句

DISC1 Track27

0119 by contrast — 対照的に

According to the most recent survey, 3.5 percent of commuters in Portland use a bicycle. **By contrast**, the national average is 0.4 percent.

至近の調査によれば、ポートランドの通勤者の3.5%が自転車通勤である。対照的に、全米の平均値は0.4%だった。

survey＝調査／commuters＝通勤者／national average＝全米平均

☞ in contrastだと「対照的に」のほかに「～とは異なって」という意味もある。

0120 every bit — まったく～と同じく、どこからどこまで

I am **every bit** as upset about the election results as anyone but we have to move forward.

私はほかの人とまったく同様に選挙結果に腹を立てている。しかしこれを乗り越えて、前に進まなくてはいけない。

upset about＝～に腹を立てて／move forward＝（過去を乗り越えて）前に進む

☞ every bit as～asの形でよく使われる。

> あとちょっとでレベル2です。
> 本当の上級者を目指そう。

その他

DISC1 Track28

0121 barring — 〜がなければ

Barring any unforeseen delays, the new album will be released in January.

思い掛けない遅れがなければ、その新しいアルバムは1月に発売されるだろう。

unforeseen＝思いがけない／delays＝遅れ／be released＝発売されて

☞ 熟語ではなく前置詞だが、よく使うので特別に入れた。
類 except for / if not for 〜がなければ

0122 if anything — もし何かあるとすれば

We have to reflect on what, **if anything**, government can do to encourage development of green technologies.

環境にやさしい技術の開発を促進するために政府ができることがあるとすれば、それは何なのか、私たちは熟考しなければならない。

reflect on＝〜を熟考する／encourage＝〜を促進する／development＝開発／green technologies＝環境にやさしい技術

0123 if only — 〜さえしたら（よいのだが）

I would quit my job and become a hang gliding instructor, **if only** my wife would let me.

妻が許してくれさえすれば、私は今の仕事をやめて、ハンググライダーの教官になるのだが。

hang gliding＝ハンググライダーの／instructor＝教官

☞ only if（〜を唯一の条件として）と混同しやすいので注意。if onlyは「願望」、only ifは「条件」。
When there's a choice of rooms, Medicaid pays for a private room only if it's medically necessary.
（病室が選択できる場合、メディケイド［米国の低所得者用健康保険］は治療上の必要がある時だけ、個室料金を支払って利用する）

0124	**not least because**	特に〜なので

The play is a failure, **not least because** of the actor's unconvincing portrayal of Nixon.

その劇は、特にニクソン役の俳優の演技に説得力がないので、失敗作である。	failure = 失敗 ／ unconvincing = 説得力がない ／ portrayal = 演じ方

☞ 理由を強調したい時によく使われる。

0125	**notwithstanding**	〜にもかかわらず

Notwithstanding the difficulty we had working together, I think we produced a great film.

一緒に働いていた時は困難を伴ったがしかし、私たちはすごい映画を作ったと思う。

☞ 類語in spite ofよりは意味が弱い。語順は、notwithstanding 〜でも、〜notwithstandingでもよい。
類 in spite of 〜にもかかわらず

0126	**on the heels of**	〜の直後に

On the heels of their recent defeat in Chicago, the New York Giants will be focusing on their defense.

最近、シカゴで敗北を喫したばかりなので、ニューヨーク・ジャイアンツは防御に集中するだろう。	defeat = 敗北 ／ defense = 防御

究極レベル2

LEVEL 2

大学教育を受けた米国人が
しばしば使用する

動詞 —————— 054

名詞 —————— 066

形容詞・副詞 ————— 078

熟語・成句 ————— 096

ここの語彙を使えると、
本当の英語上級者だ。

start! ➡

究極レベル 2 …… 動詞

DISC1 Track29 状態・存在

0127 allay [əléi]
(懸念などを）緩和する

OPEC increased production this week and **allayed** fears about plunging crude inventories.
石油輸出国機構は今週、原油生産を拡大し、原油在庫の減少に対する懸念を緩和した。
OPEC (Organization of Petroleum Exporting Countries) = 石油輸出国機構／ plunging = 急速に減少している／ crude (crude oil) = 原油／ inventories = 在庫

0128 augment [ɔːgmént]
(力や収入等を）増大させる

One advantage of getting married is that it **augments** income.
結婚することの一つの利点は、収入が増えることだ。
income = 収入

☞ argument [ɑ́ːrɡjəmənt]（議論）と混同しないように注意。つづりと発音が違う上、augment は e に、argument は a にアクセントがある。

0129 bode well [bóud wél]
幸先が良い

The Red Sox's excellent performance in the pre-season **bodes well** for their prospects in the regular season.
オープン戦で優れた成績を残したレッドソックスは、公式戦での見通しが明るくなった。
pre-season = オープン戦の（⇔ regular season = 公式戦の）／ prospects = 展望、見通し

反 **bode ill** 幸先が良くない

0130 fall through [fɔ́ːl θrúː]
(計画などが）失敗する、ダメになる

We were ready to buy a new house in Mexico but since I lost my job, it may **fall through**.
私たちはメキシコで新しい家を買う用意があったが、私が失業したので、その計画はダメになるかもしれない。

状態・存在

0131 feed off
[fíːd ɔ́ːf]

〜を餌とする、〜から滋養を得る

The birds **feed off** the fish in the river.
鳥たちはその川の魚を餌にする。

☞ feedについて、ほかによく使う成句は以下の通り。
feed on
(〜を主食とする・餌にする)
be fed up with
(〜にはもうウンザリだ)

0132 hone
[hóun]

(技や人格に) 磨きをかける

Before becoming a major-leaguer, he **honed** his skills as a pitcher in the minor leagues.
彼はメジャーリーガーになる前、マイナーリーグで投手としての技量を磨いた。
major-leaguer =（野球の）メジャーリーグ選手

☞ 原義は「〜に砥石をかける」。

0133 neutralize
[njúːtrəlàiz]

(毒などを) 無害化・中和する、(敵などを) 無力化する

The liver **neutralizes** bacteria and other toxins that enter the body.
肝臓は、体に侵入してくるバクテリアやその他の毒素を無害化する。
liver = 肝臓／bacteria = バクテリア／toxins = 毒素

0134 pan out
[pǽn áut]

(計画などが) うまくいく

We bought the building six years ago with the idea that we would open a bookstore, but it didn't **pan out**.
私たちは6年前、本屋を開くつもりでその建物を購入したが、計画はうまくいかなかった。

☞ 動詞panは「金属皿で砂金を洗ってえり分ける」。したがってpan outは「うまく砂金が見つかる」になり、そこから「計画がうまくいく」という意味に派生した。

055

究極レベル2 …… 動詞

0135 roll back [róul bǽk]
〜を過去の水準・状態に戻す

The city plans to **roll back** taxes following a year of record revenues.
記録的な歳入があった年度の後で、市は税金を元の水準に戻す計画である。
record revenues = 記録的な歳入

0136 straddle [strǽdl]
(両者に) またがる

The Native American tribe's ancestral lands **straddle** the border of the U.S. and Mexico.
その米国先住民族の先祖代々の土地は、米国とメキシコとの国境にまたがっている。
Native American = 米国先住民の／ tribe = 民族、部族／ ancestral = 先祖代々の

0137 vacate [véikeit]
(法律的事項を) 無効にする

The Texas State Supreme Court **vacated** the opinion of the lower court.
テキサス州最高裁判所は、下級裁判所による判決理由を無効にした。
Supreme Court = 最高裁判所／ opinion = 判決理由／ lower court = 下級裁判所

☞ 「場所を立ち退く」「地位を退く」のほかに、「無効にする」という法律用語としても使われる。

0138 wobble [wάbl]
よろめく、動揺する

Oil markets **wobbled** after conflict in Nigeria forced pipelines to be shut down.
ナイジェリアでの紛争によって同国のパイプラインが閉鎖された後、原油市場は動揺した。
conflict = 紛争

DISC1 Track30 コミュニケーション

0139 bellow
[bélou]

大声で怒鳴る

Ms. Walker, our rotund science teacher, **bellowed** at us to sit down.
私たちの理科の先生である丸々と太ったウォーカーさんは、私たちに席につくよう怒鳴った。
rotund = 丸々と太った

☞ bellow at (〜に向かって怒鳴る) の形でよく使われる。

0140 coax
[kóuks]

(人を) なだめすかす

After he lost his job, his wife worked hard to **coax** him out of his depression.
彼が失業した後、妻は彼を一生懸命になだめて、落ち込んだ状態から抜け出させた。
depression = うつ病、意気消沈

☞ coax A [人] out of B [状態] は「AをなだめすかしてBから抜け出させる」。逆に、coax A [人] into B [行為] だと、「AをなだめすかしてBをさせる」。

0141 divulge
[divʌ́ldʒ]

(秘密などを) 打ち明ける・暴露する

I never **divulge** the details of my past until I know more about the person I'm talking to.
私は、話し相手のことをよく知るまで、自分の過去を詳しく打ち明けたりしない。

0142 face down
[féis dáun]

(人や物事に) 対峙する

Mr. Putin was unafraid of using his presidential power to **face down** his opponents.
プーチン氏は、自分の敵に立ち向かうために大統領権限を使うことを恐れなかった。
unafraid of = 〜を怖がらない／presidential = 大統領の／opponents = 敵、対立者

究極レベル2 …… 動詞

0143 fete [fét]
（宴や贈り物で、人を）祝う・もてなす

The producer is known to **fete** actors with expensive gifts in the hopes that they will star in his films.

その映画製作者は、俳優が自分の映画に出演してくれることを期待して、彼らを高価な贈り物でもてなすことで知られる。

in the hopes that 〜 = 〜を期待して／star =（俳優などが）主演する

☞ 名詞も同形。
名 fete パーティー、フェスティバル

0144 grumble [grʌ́mbl]
ぶつぶつ不平を言う

If he didn't like his meal, he would **grumble** about it for the rest of the day.

食事が気に入らないと、彼はその日一日中、ブツブツ不平を言ったものだった。

0145 second-guess [sékəndɡés]
（他人の意見や行動の意図を）後知恵で批判する、後でとやかく言う

I seem to remember my father running through the stoplight, but I didn't want to **second-guess** what he'd told the police.

どうも父は赤信号で停まらずにそのまま行ったような気がするのだが、私は父の警察への釈明について後からとやかく言いたくなかった。

stoplight = 赤信号

☞ 日本人にはピンとこない英語表現の一つだが、よく使われる。当事者ではなく他人が憶測するのでsecondという言葉を使う。なお英国では単に「憶測する」という意味で使われており、必ずしも「批判する」ではない。

0146 tip off [típ ɔ́ːf]
〜に秘密を漏らす・密告する

I fear that if I say too much about our company's plans it will **tip off** our competitors.

自分の会社の計画をあまりしゃべり過ぎると、競争相手に秘密が漏れるのではないか心配だ。

competitors = 競争相手

名 tip-off 密告

DISC1 Track31 動作

0147 plummet [plʌ́mit]
急速に落下する、つるべ落としに落ちる

The horrified crowd watched as the window washer **plummeted** 200 feet to the ground.
窓拭き業者が 200 フィート下の地面に落下するのを、人々はおののきながら見た。
horrified = 恐怖に駆られた

0148 wiggle [wíɡl]
① 身をくねらせて脱出する
② (責任や発言から) うまく逃れる

① The chick **wiggled** out of the remnants of its shell.
ヒヨコは卵の殻の残りから身をよじらせて出てきた。

② After I pointed out the hypocrisy of his statement, he tried to **wiggle** out of his previous position.
私が彼の発言の偽善性を指摘すると、彼はそれまでの自説からうまく逃れようとした。
chick = ヒヨコ／ remnants = 残り／ hypocrisy = 偽善／ statement = 発言

☞ 名詞も同形。
名 wiggle くねる動き
☞ 以下のような口語表現がある。
wiggle room
(交渉の余地、釈明の余地、逃げ道)

DISC1 Track32 行為

0149 abide by [əbáid bài]
忠実に守る、遵守する

Because you have failed to **abide by** the terms of your parole, you will be returned to prison at once.
あなたは仮釈放の条件の遵守を怠ったので、即刻、刑務所に再入所しなければならない。
terms = 条件／ parole = 仮釈放

☞ abideには「とどまる」「〜に耐える」などの意味もある。

究極レベル 2 …… 動詞

0150 chip in [tʃíp ín]
（金を）出し合う、〜を寄付する

The summerhouse rental was $1,000 so the ten of us **chipped in** $100 each.

別荘の賃借料は 1000 ドルだったので、私たち 10 人が 100 ドルずつ出し合った。

summerhouse =（夏の）別荘／rental = 賃借料

0151 circumvent [sə̀ːrkəmvént]
（法律などを）迂回する・回避する

He found a way to **circumvent** the rule on term limits by having his wife run for his old position.

彼は、自分が務めていた公職の選挙に自分の妻を出馬させることで、任期制限規則の裏をかく方法を見出した。

term limits =（公職の）任期制限／run for = 〜の選挙に出る

0152 contend for [kənténd fər]
〜を求めて競争する

The Mets have proved they are ready to **contend for** a World Series title.

メッツは、ワールドシリーズのタイトルを争う準備ができていることを実証した。

0153 dismantle [dismǽntl]
（計画などを）解除する、（武器などを）解体する、分解する

The world was shocked when Moammar Gadhafi announced plans to **dismantle** Libya's weapons of mass destruction programs.

ムアマール・カダフィが自国の大量破壊兵器プログラムの解除計画を発表し、世界を驚かせた。

weapons of mass destruction = 大量破壊兵器（核・生物・毒ガス兵器などのことで、略称は WMD）
※カダフィはリビアの最高指導者（2008 年 7 月現在）。

0154 expedite [ékspədàit]
（物事を）促進させる・加速させる

The airport says it has done all it can to **expedite** processing at security lines.

空港当局は、空港内のセキュリティー審査場の行列の処理を速めるため、できるだけの措置を講じたと発表した。

processing =（プロセス）処理／security lines = セキュリティー審査場での行列

形 **expeditious** [èkspədíʃəs] 迅速な

0155	**lick** [lik]	① (問題を) 克服する
□□□		② (相手を) 打ち負かす

① With enough resources and patience, I believe our mosquito infestation problem can **be licked**.
十分な資源と忍耐があれば、蚊の大量発生という問題は克服可能だと思う。

② The Mets **licked** the Yankees last night.
昨夜、メッツはヤンキースを負かした。

resources = 資源／infestation = (害虫などの) 蔓延

名 licking [likiŋ]　なぐること、負かすこと
give a good licking (こてんぱんに負かす)

0156	**parry** [pǽri]	(質問などから) 逃げる
□□□		

He successfully **parried** questions from Congress over his involvement in selling arms to Hamas.
彼は、ハマスへの武器売却に関与した件で、議会の質問をうまく逃げ切った。

involvement in = ～への関与
※ハマスはパレスチナのイスラム原理主義組織。

0157	**preempt** [priémpt]	(先手を打って) 未然に防ぐ
□□□		

If he had paid his debt, it may **have preempted** the lawsuit.
彼が借金を返していれば、訴訟を防げたかも知れない。

debt = 借金／lawsuit = 訴訟

形 preemptive [priémptiv]　先制の
They are looking for an excuse for a preemptive strike on Iran's nuclear facilities.
(彼らはイラン核施設への先制攻撃の口実を探している)

0158	**quell** [kwél]	① (反乱などを) 収める
□□□		② (不安などを) 鎮める

① After three days of fighting, U.S. forces **quelled** the violence in one of Baghdad's deadliest neighborhoods.
3日間の戦闘の末、米軍はバグダッドの最も危険な地域の一つでの武力衝突を収拾した。

② The actions of the Federal Reserve Board **quelled** fears on Wall Street.
米連銀の行動で米金融界の懸念が沈静化した。

deadliest = 最も危険な (deadly の最上級) ／Federal Reserve Board (FRB / Federal Reserve / the Fed) = 米国連邦準備制度理事会 (米連銀) ／Wall Street = ニューヨークの金融街 (転じて金融界そのものを指す)

究極レベル2……動詞

0159 relinquish
[rilíŋkwiʃ]
（権利や役割を）放棄する

Spears was ordered to **relinquish** custody of her children due to her drug use.
スピアーズは薬物使用のせいで、子供の養育権を放棄するよう命令された。
custody = 保護権、養育権／due to = ～のせいで
※スピアーズとは、米国の人気歌手ブリトニー・スピアーズ（Britney Spears）のこと。

類 surrender [səréndər] ～を譲り渡す・放棄する

0160 skirmish with
[skə́ːrmiʃ wið]
～と小競り合いをする、（小規模の）軍事衝突を行う

Israelis **skirmished with** Hezbollah fighters, killing six, the Israeli military said.
イスラエル軍によると、同軍はヒズボラ戦闘員と衝突し、6人を殺害した。
※ヒズボラはレバノンのイスラム教シーア派過激政治組織。

☞ 名詞も同形。
名 skirmish 小競り合い

0161 sow
[sóu]
種をまく

As a man **sows**, so shall he reap.
自分のまいた種は自分で刈らねばならない（＝ことわざ：自業自得）。
sow = 種をまく／reap = 刈る

☞ 決まり文句はsow the seeds of（～の種をまく）。
☞ sow「まく」とreap「刈る」は対で覚えておこう。

0162 spruce up
[sprúːs ʌ́p]
～をこぎれいにする・おめかしさせる

The city used the revenue from the tax hike to **spruce up** the downtown area.
市は増税による歳入を都心部の美化に充てた。
revenue = 歳入／tax hike = 増税（⇔ tax cut = 減税）

☞ 形容詞も同形。
形 spruce こぎれいな

行為～知覚・思考

0163 stonewall [stóunwɔːl]
（調査や依頼などを）妨害する

The company **stonewalled** when Congress tried to investigate its CEO for financial misconduct.
その企業は、議会が最高経営責任者を財務上の不正行為で調査しようとすると妨害した。
Congress =（米国）議会／ investigate = 〜を調査する／ financial = 財務の／ misconduct = 違法行為

☞ 元々は英国議会で議事を妨害すること。

0164 upend [ʌpénd]
〜を覆す・ひっくり返す

The storm **upended** months of careful planning for the fall festival.
その嵐で、秋祭りのために何カ月もかけて慎重に練った計画がひっくり返った。

☞ スポーツの試合結果を伝える際にも頻繁に使われる。

0165 wager on [wéidʒər ɑn]
〜に賭ける、〜を請け合う

I want to **wager on** the Democratic candidate.
私は民主党候補の方に賭けたい。
Democratic = 民主党の／ candidate = 候補

☞ 名詞も同形。
名 wager 賭け、賭け金
類 bet [bét] 〜に賭ける、〜を請け合う

DISC1 Track33 知覚・思考

0166 bristle at [brísl ət]
〜に腹を立てる

He **bristled at** her suggestion that he didn't do enough chores around the house.
彼は、自分が家事を十分にしていないと彼女にほのめかされて腹を立てた。
suggestion = ほのめかし、提案／ chores = 家事、雑用

☞ 原義は「毛を逆立てる」。

0167 brood over [brúːd òuvər]
~をくよくよ考える

The tennis player doesn't **brood over** past mistakes. She prefers to focus on the future.

そのテニス選手は過去の失敗をくよくよ考えない。彼女はむしろ将来に集中することを好む。

focus on = ～に集中する

0168 differentiate [dìfərénʃièit]
区別する、際立たせる

It is easy to **differentiate** between Americans and Canadians if you listen to them speak long enough.

米国人とカナダ人を区別するのは、彼らがしゃべるのを十分に長く聞けば簡単なことだ。

☞ differentiate A from B、differentiate between A and Bの形でよく使う。意味はどちらも同じ「AとBを区別する」。

0169 downplay [dáunplèi]
(物事の重大さを)過小評価する・控えめに扱う

He **downplayed** his involvement in the embezzlement case but the company suspects he was the mastermind.

彼は、横領事件への自分の関与を控えめに見せようとしたが、会社側は彼が首謀者であると疑っている。

embezzlement = 使い込み、横領／ suspects = ～ではないかと疑う／ mastermind = 首謀者

☞「大したことではないように考える・見せる」というニュアンス。

0170 equate [ikwéit]
同一視する

Wine drinkers often **equate** high price with quality.

ワイン愛飲家は往々にして、値段の高さと品質を同一視する。

☞ equate A with B（AとBを同一視する）の形でよく使われる。

0171 fear for [fíər fər]
～のことを心配する

No matter how old my children get, I will always **fear for** their safety.

子供たちがいくつになっても、私はいつも、その身の安全を心配するでしょう。

no matter how = どんなに～しても

知覚・思考

☞ fearだけだと「恐れる」「怖がる」の意味になることが多い。

0172 reminisce about [rèmənís əbáut] ～を懐かしく思う

Whenever we get together, we **reminisce about** the four years we spent together in college.
会うといつも私たちは、共に過ごした大学での4年間を懐かしく思い出す。

形 **reminiscent** [rèmənísnt] 思い起こさせる
The store had small tables and chairs, reminiscent of an ice cream parlor.
(店にはアイスクリーム・パーラーを思い起こさせる小さなテーブルといすがあった)

0173 revel in [révəl in] ～を大いに楽しむ、～にふける

He always **revels in** telling stories of his days as the shah's head chef.
彼はいつも決まって、イラン国王の料理総長だった時代の思い出話にふける。
shah = イラン国王／head chef = 総料理長

☞ revelだけだと「お祭り騒ぎをする」。
The students reveled late into the night.
(学生たちは夜ふけまでお祭り騒ぎをした)

0174 rue [rúː] ～を後悔する・悔やむ

You will **rue** the day when you divorced your wife.
君はいつか、奥さんと離婚した日のことを後悔するよ。
divorced = ～と離婚した

☞ rue the day when (～した日のことを後悔する) の形でよく使われる。
類 **regret** [rigrét] ～を後悔する・嘆き悲しむ
形 **rueful** [rúːfəl] 悲しげな、沈んだ

究極レベル2 …… 名詞

DISC1 Track34 政治・経済・法律

0175 apprehension [æprihénʃən] 逮捕

The Arizona National Guard assists the U.S. Border Patrol in **apprehensions** of illegal immigrants.

アリゾナ州兵は、連邦国境警備隊が不法移民を逮捕するのを支援する。

National Guard = 州兵（普段は州知事の指揮下にあって自然災害などの救援をするが、戦時は米軍に組み込まれ、大統領の指揮下に入る）／ Border Patrol = 国境警備隊／ immigrants = 移民

☞ 抽象名詞としては「懸念」「心配」。一般の名詞だと「逮捕」の意味で、複数形も可。

0176 docket [dάkit] 訴訟一覧表、審議予定表

Before the day begins, the court clerk goes over all the cases on the **docket**.

裁判所書記は、朝一番に、訴訟一覧に載っている訴訟すべてをチェックする。

court clerk = 裁判所書記／ goes over = 〜を調べる／ cases = 訴訟

☞ on the docket（表に載っている）の形でよく使う。

0177 flyover [flάiòuvər] 儀礼的な低空飛行

Before the game, there will be a military **flyover** to honor those who have died in Iraq.

試合開始前に、イラクでの戦死者をたたえるため軍用機の低空飛行が行われる予定だ。

honor = 〜をたたえる

0178 make-work [méikwə̀ːrk] （人を遊ばせないでおくためだけの）不必要な仕事

After the plant closed, he reported everyday to a **make-work** job guaranteed by the union.

工場が閉鎖した後、彼は組合が保証してくれた不要不急の仕事のために、毎日出勤した。

plant = 工場／ reported to = 〜に出向いた／ guaranteed = 保証された／ union (trade union) = 組合

0179 perjury
[pə́ːrdʒəri]

偽証、偽証罪

His testimony was proved false and he was indicted for **perjury**.
彼の証言は虚偽であると判明したため、彼は偽証罪で起訴された。
testimony = 証言／was indicted for = ～のかどで起訴された

0180 posse
[pási]

(保安官が臨時に召集する) 一団、民警団

A **posse** of angry townspeople drove around for days searching for the missing girl and her kidnapper.
怒った町民の一団が、失踪中の女の子と誘拐犯を求めて何日も車であちこち捜索した。
searching for = ～を探して／kidnapper = 誘拐犯

☞ 民警団の正式名称、*posse comitatus* [pási kàmətéitəs]から来ている。しかし一般にa posse of ～の形で「～の一団」として使われることが多い。
He has a posse of assistants.
(彼には一団の助手がいる)

0181 spate
[spéit]

(事件などの) 多発

A **spate** of murders in recent months has upset Palm Springs's historically low homicide numbers.
この数カ月間、殺人が多発したので、パームスプリングスの歴史的に低い殺人件数が覆された。
murders = 殺人、謀殺／has upset = ～をひっくり返した／homicide = 殺人 (謀殺と故殺の両方)

☞ a spate of (～の多発) の形でよく使われる。

0182 tailspin
[téilspin]

①景気降下、経済混乱　②意気消沈

①He believes Bush's policies sent the U.S. economy into a **tailspin**.
彼は、ブッシュの諸政策が米国経済を景気降下させたと思っている。

☞ 原義は「錐もみ降下」という航空用語。
① send ～ into a tailspin
(～ [経済・景気] を降下させる)
② send ～ into a tailspin
(～ [人] を意気消沈させる)

DISC1 Track35 社会・関係性

0183 collusion [kəlúːʒən]
結託、共謀

There were rumors of **collusion** between a few major stockholders and company executives to drive share prices down.
大株主数人と会社の重役陣が共謀して、株価を下落させたとの噂があった。
rumors = 噂／stockholders = 株主／share prices = 株価

☞ in collusion with (〜と結託して) の形でよく使われる。
☞ collision (衝突) と間違えないように注意。
形 collusive [kəlúːsiv]　共謀の

0184 disconnect [dìskənékt]
断絶、分離状態

There's a **disconnect** between reality and what analysts believe the price of crude should be.
現実と、アナリストたちが適正だと考える原油価格との間に断絶が見られる。
analysts = アナリスト、分析者／crude (crude oil) = 原油

☞ 「連絡を絶つ」「電話や電気を切る」という動詞で使われることが多いが、「断絶」という名詞としても使われる。

0185 prerogative [prirágətiv]
特権、特典

For most of recent history in the U.S., obsession with fashion was considered a female **prerogative**.
米国の近年の歴史の大半において、ファッションへのこだわりは女性の特権と見なされてきた。
obsession with = 〜へのこだわり・執着／female = 女性の

☞ 形容詞も同形。
形 prerogative　特権のある

0186 validity [vəlídəti]
妥当性、正当性、真偽

There is an ongoing debate on the **validity** of global warming.
地球温暖化説の妥当性をめぐる討論が進行中だ。
ongoing debate = 進行中の討論／global warming = 地球温暖化

副 validly [vǽlidli]　正当なやり方で

DISC1 Track36 言語・学問・芸術

0187 analogy [ənǽlədʒi]
たとえ、相似、類似

The melting pot **analogy** has given way to the theory that the country is more like a salad bowl. America is the sum of its parts.

米国は坩堝、というたとえは、むしろサラダ・ボールのようなものであるという理論にとって替わられた。米国は（溶け合わずに）いろんな部分が合わさってできている。

melting pot = 坩堝 ／ has given way to = ～に道を譲った ／ sum = 合計

形 **analogous** [ənǽləgəs] 似ている

0188 caveat [kǽviùːt]
ただし書き、断り書き、警告

The president should take note of George Santayana's famous **caveat**: those who cannot remember the past are condemned to repeat it.

大統領はジョージ・サンタヤナの有名な警告に留意すべきである。すなわち、「過去を思い起こせない者はそれを繰り返す運命にある」。

take note of = ～に留意する ／ are condemned to = ～する運命にある
※サンタヤナは米国の哲学者。

☞ 原義は「予告記載」という法律用語だが、「ただし（書き）」という意味でインテリ層がよく使う。
with the caveat that
（～というただし書きがついた上で）

0189 discourse [dískɔːrs]
会話、論述、言説

Screaming and yelling are not considered part of polite **discourse**.

叫んだりわめいたりすることは、礼儀正しい会話の要素とは考えられていない。

yelling = わめくこと

☞ 原義は「文章や発言の有機的な集合体」という言語学用語。ちょっと形式ばった言葉で、インテリ層がよく使う。

究極レベル2 …… 名詞

0190 interlude [íntərlùːd]
幕間劇、エピソード、間奏曲

Our vacation in Bermuda was a lovely **interlude** in what has been a very difficult year.
私たちのバミューダでの休暇は、とても困難な年における素晴らしい出来事だった。

0191 ream [ríːm]
大量の印刷物

As the assistant to a major book publisher, every morning she reads through **reams** of manuscripts.
彼女は大手書籍出版社のアシスタントとして、毎朝、大量の原稿に目を通す。
publisher = 出版社、出版人 ／ manuscripts = 原稿

☞ 通常、複数形で単数扱い。
☞ reams of (大量の〜) の形でよく使われる。

0192 rundown [rʌ́ndàun]
要約、要旨

Faced with torture, he gave his interrogators a **rundown** of his country's intelligence operations.
拷問に合った彼は、尋問者たちに自国の諜報活動の概要を白状した。
torture = 拷問／ interrogators = 尋問者／ intelligence operations = 諜報活動

0193 salvo [sǽlvou]
(言葉による) 一斉攻撃

The opening **salvo** in the campaign was the senator's charge that his opponent had taken a payoff.
選挙運動の最初の一斉攻撃は、対立候補がわいろを受け取ったという、上院議員による非難だった。
senator = 上院議員／ charge = 非難／ opponent = 対立者／ payoff (bribe) = わいろ

☞ 原義は「砲弾などの一斉射撃」。

0194 theatrics [θiǽtriks]
芝居じみた言動、演劇

In court, he piled on the **theatrics**, pretending to suffer from a severe neck injury.
法廷で彼は、首にひどいけがを負っているふりをする芝居を積み重ねた。
piled on = 〜を積み重ねた／ pretending to = 〜するふりをする／ suffer from = 〜に苦しむ

☞ 複数形だが単数扱い。

0195 tidbit
[tídbit]

面白い断片情報

The book includes some **tidbits** about the discovery of oil in the small Texas town.

本書には、このテキサスの小さな町での石油発見に関するエピソードがいくつか載っている。
discovery = 発見

☞ tidbitは米国つづりで、英国ではtitbitとつづる。

DISC1 Track37 行為

0196 gaffe
[gǽf]

(社交上や外交上の) 失態、へま

This government has been marked by a relentless parade of scandals and **gaffes**.

この政府は、止むことなくまかり通っている醜聞と失態で注目されてきた。
has been marked by = ～で特徴付けられた／ relentless = 止むことのない、容赦ない

0197 indiscretion
[ìndiskréʃən]

無分別、軽率な行動

I'm hoping that the jury will realize that his crimes were nothing more than the **indiscretion** of youth.

彼の犯罪は単に若さゆえの無分別に過ぎない、という点に陪審が気付くことを私は期待している。
jury = 陪審／ nothing more than = ～に過ぎない

☞ indiscretions of youth (若気の至り) の形でよく使われる。

0198 machination
[mæ̀kənéiʃən]

策略、陰謀

It is discouraging to see all of the **machinations** inside Washington.

米国政府内部のありとあらゆる策略を見るのは人を落胆させる。
discouraging = 落胆させるような／ Washington = ワシントン (ここでは「米国政府」)

☞ 通常、複数形。

究極レベル2……名詞

0199 miscue [mìskjúː]
失策、間違い

After a series of **miscues**, the accused bank robber finally got his story straight.

続けて間違ったことを口にした後、その銀行強盗容疑者はようやく正確に顛末を話した。

accused = 容疑をかけられた／ bank robber = 銀行強盗／ straight (right) = 正しい

☞ 原義は「ビリアードの突き損ない」。
☞ 動詞も同形。
動 miscue しくじる

0200 nuptial [nʌ́pʃəl]
結婚式

He had several affairs before their marriage but she believed they ended after their **nuptials**.

2人が結婚する前、彼は何度か浮気をしたが、彼女は結婚式を挙げた後はそれは終わったものと信じていた。

had affairs = 浮気をした、不倫した

☞ 通常、複数形。
☞ 類語のweddingと比べて古臭い表現だが、ユーモアや皮肉を込めて言う時によく使われる。
類 wedding [wédiŋ] 結婚式

DISC1 Track38 性格・傾向・人

0201 anomaly [ənɑ́məli]
例外（的な人物）、異常

He is an **anomaly** among Democrats: pro-life and pro-war.

彼は民主党員の中では例外的存在だ。妊娠中絶反対派で戦争賛成派だからだ。

pro-life = 妊娠中絶反対の（⇔ pro-choice = 中絶支持の）

形 anomalous [ənɑ́mələs] 変則的な、異常な

行為～性格・傾向・人

| 0202 | **aplomb** [əplάm] | 沈着、落ち着き |

She handled the attack on her congressional record with **aplomb**, citing convincing reasons for the choices she had made.
彼女は、自分の議会議決記録に対する攻撃に、自分の選択に関する説得力のある理由を挙げて沈着に対処した。
handled = ～に対処した／congressional record = 議会議決記録／convincing = 説得力のある

☞ with aplomb（冷静に、沈着に）の形でよく使われる。

| 0203 | **gladiator** [ɡlǽdièitər] | （古代ローマの）剣闘士、論争家 |

The starting line-up for the Chicago Bears looks like a band of Roman **gladiators**.
シカゴ・ベアーズの先発メンバーは、古代ローマの剣闘士の一団に似ている。
starting line-up = 先発メンバー／a band of = ～の一団
※シカゴ・ベアーズはアメリカンフットボール・チーム。

| 0204 | **lackey** [lǽki] | 追従者、おべっか使い |

The militant students accused the U.S. of being Israel's corrupt **lackey**.
攻撃的な学生たちは、米国を、イスラエルの腐敗した追従者だと非難した。
militant = 好戦的な／accused ... of ～ = ～を…だと非難した／corrupt = 腐敗した

| 0205 | **mettle** [métl] | 気概、勇気、才気 |

He proved his **mettle** in global finance, working as the bank's vice president of Latin American Development.
彼はその銀行のラテンアメリカ開発担当副社長として、国際金融の世界で才気を見せた。
global financie = 国際金融

| 0206 | **panache** [pənǽʃ] | 堂々とした態度、さっそうとした様子 |

He entered the stage with great **panache**, dressed in a top hat and tuxedo.
彼はシルクハットにタキシードといういでたちで、堂々と舞台に出た。
top hat = シルクハット／tuxedo = タキシード

☞ 原義は「帽子の羽飾り」。

究極レベル2 …… 名詞

0207 trotter [trátər]
よく動き回る人、速歩馬

Though I like to think of myself as a globe-**trotter**, there are a number of places in the world I still have not been.
世界旅行者だと自認したいところだが、世界にはまだ私の行っていない所がたくさんある。
a number of = 多くの〜

☞ globe-trotter（世界中を旅行して回る人）の形でよく使われる。

0208 upstart [ápstɑ̀ːrt]
新興組織、新人、成金、成り上がり者

Who would have thought an **upstart** Korean company would beat Detroit carmakers in the category of Best Minivan?
新興の韓国企業が、ベストミニバン部門でデトロイトの自動車メーカーを打ち負かすとは、誰が予想しただろうか。
in the category of = 〜の部門で ／ Detroit = デトロイト（米国の自動車産業の中心地）

DISC1 Track39 場所・位置

0209 citadel [sítədl]
要塞、城砦、最後のよりどころ

For generations, the historic **citadel** has defended the village's people from attack.
何世代にもわたって、その歴史的な城砦は村人たちを攻撃から守ってきた。
for generations = 何世代も ／ historic = 歴史的な

☞ 字義通りの「要塞」のほかに、「ある主義や特色を守る最後のよりどころ」という意味がある。

性格・傾向・人〜場所・位置〜感情・感覚

| 0210 | **confluence** [kánfluəns] | (要素間の)相互作用、(川の)合流点 |

A **confluence** of factors led to the fire: a broken smoke detector, a stack of old newspapers and an old man who loved to smoke in bed.
複数の要因の相互作用でその火事は起こった。すなわち、壊れた火災報知器、古新聞の山、そして寝タバコの好きな老人の組み合わせだ。
smoke detector = 火災報知器／a stack of = 多量の〜

☞ at the confluence of (〜の合流地点に) の形でよく使われる。

| 0211 | **haunt** [hɔ́:nt] | 溜まり場、人がよく行く場所、(動物の)生息地 |

The old tavern is one of my favorite **haunts** from my college days.
その古い居酒屋は、大学時代からの私のお気に入りの場所の一つである。
tavern = 居酒屋

DISC1 Track40 感情・感覚

| 0212 | **animosity** [æ̀nəmɑ́səti] | 敵意、敵愾心 |

He doesn't have any **animosity** toward his ex-wife now that he has remarried.
再婚した今となっては、彼は前の妻に対して何の敵意もない。
now that = 今は〜だから

類 hostility [hɑstíləti] 敵意、敵愾心

| 0213 | **doldrums** [dóuldrəmz] | ふさぎ込み、憂うつ、停滞状態 |

The company is once again in the **doldrums**, with customers failing to take an interest in its solar-powered flashlight.
その会社の太陽エネルギー懐中電灯に顧客が関心を示さなかったために、同社は再び不振に陥っている。
take an interest in = 〜に関心を示す／solar-powered = 太陽エネルギーの／flashlight = 懐中電灯

☞ in the doldrums (ふさぎ込んで、落ち込んで) の形でよく使われる。

究極レベル2 …… 名詞

0214 hubris [hjúːbris]
傲慢、不遜、うぬぼれ

His **hubris** blinded him to the likelihood that his plans would not work.
その傲慢さのせいで、彼には自分の計画がうまくいかないかもしれないという可能性が見えなかった。
blinded = ～の目を見えなくさせた／ likelihood = 可能性、見込み

類 arrogance [ǽrəgəns]　横柄さ、尊大さ

0215 rapport [ræpɔ́ːr]
一体感、良好な感情的つながり

With his magnetic personality and years of experience in front of crowds, he creates an instant **rapport** with audiences.
その魅力的な人柄と、長年人前に出ていた経験のおかげで、彼は観客との一体感を即座に作り出す。
magnetic = 人をひきつける、魅力的な

☞ フランス語からきた言葉。

0216 smirk [smə́ːrk]
得意げな笑い、作り笑い

I don't trust him. He always has a **smirk** on his face.
私は彼を信用しない。彼はいつも作り笑いを顔に浮かべているからだ。

DISC1 Track41 物・道具

0217 canister [kǽnəstər]
(催涙ガスなどの)円筒弾、(お茶などを入れる)金属製の缶

A teargas **canister** crashed through the window. We covered our mouths and tried to get out, but it was just as dangerous on the streets.
催涙弾が窓を突き破って入ってきた。私たちは手で口を塞いで外に出ようとしたが、外の通りもまったく同様に危険だった。
just as = まったく同様に

☞ teargas canister (催涙弾) の形でよく使われる。

感情・感覚～物・道具

0218 noose [núːs]
絞首刑用の輪縄

Police suspect members of a neo-Nazi group, since a **noose** was found hanging from the trees outside and swastikas were scrawled on the walls.

戸外の木々に絞首刑用の輪縄がぶら下げられており、壁にカギ十字が落書きされていたことから、警察はこれをネオナチ集団の構成員の仕業と疑っている。

neo-Nazi = ネオナチ主義の／ swastikas = カギ十字／ were scrawled = 落書きされた

☞ 黒人リンチという米国史の暗部を象徴する言葉。今でも黒人の職場や住宅にnooseが置かれることがある。そんな時は大ニュースになり、抗議集会が開かれる。それが人種差別に基づく嫌がらせであると考えられる場合には、連邦公民権法違反となり、地元警察だけでなく連邦捜査局（FBI）も加わった捜査が開始される。

0219 sliver [slívər]
薄いスライス、切り身

The best dish on the menu is fresh-roasted cod with garlic seasoning and potato **slivers**.

メニューの中の一番おいしい料理は、新鮮なタラのニンニク風味焼きにジャガイモのスライスの付いたものだ。

roasted = 焼いた、炙った／ cod = タラ／ seasoning = 調味

☞ a sliver of（～の薄い一切れ）の形でよく使われる。

> nooseという言葉を聞いて
> イヤな気持ちになったら、
> もうほとんど上級者。

077

究極レベル2 …… 形容詞&副詞

DISC1 Track42 形状・性質・外見・状態

0220 burly [bə́ːrli]
(体格が) 大柄の、(物体が) 大型の

A **burly** security guard blocked the entrance to the ballroom.
大柄の警備員が大宴会室への入り口を体でふさいだ。
security guard = 警備員 (日本語のガードマンに相当)

☞ fat (デブ) の婉曲表現として使われることもある。

0221 egregious [igríːdʒəs]
目にあまる、はなはだしい

In one of the most **egregious** violations of election law, voters were turned away at the polls.
最も目にあまる選挙法違反行為の一つに、有権者が投票場で入場拒否されるということがあった。
violations = 違反／election law = 選挙法／voters = 有権者／polls = 投票場

0222 feline [fíːlain]
猫のようにしなやかな、猫の、ネコ科の

The dancer moved with a **feline** kind of grace.
そのダンサーは猫のような優雅さで踊った。
grace = 優雅さ、上品

☞ 名詞も同形。
名 feline 猫、ネコ科動物
関 canine [kéinain] **名** 犬、イヌ科の動物 **形** 犬のような、イヌ科の

0223 lurid [lúərid]
どぎつい、けばけばしい、ぞっとする

Though he also writes poetry, he is mostly known as the writer of a series of **lurid** thrillers.
彼は詩も書くが、主として、一連の不気味なスリラー小説の書き手として知られている。

類 sensational [senséiʃənl] きわもの的な／**glaring** [gléəriŋ] ギラギラ輝く、めざわりな

0224 porous [pɔ́:rəs]
多孔性の、穴だらけの、透過性の

Thousands of immigrants each month seem to have no trouble walking through our **porous** border with Mexico.

毎月、何千もの移民が、メキシコとわが国との間の穴だらけの国境を、何の苦もなく徒歩で越えてくるように思われる。

immigrants = 移民

☞ porous border（穴だらけの国境）の形でよく使われる。

類 permeable [pə́:rmiəbl]　多孔性の、透過性の

0225 resonant [rézənənt]
反響する、共鳴を呼ぶ

More than 150 years later, the story of the Battle of the Alamo remains **resonant** with Texans.

アラモの戦いは150年以上も前の出来事だが、今もテキサス州民の共鳴を呼んでいる。

※「アラモの戦い」は、1830年代のメキシコからのテキサス独立戦争中に起こった戦闘。

動 resonate [rézənèit]　反響する、共鳴を呼ぶ

0226 unwieldy [ʌ̀nwíːldi]
（組織が）非効率な、（物がかさばって）扱いにくい

The software company has grown too large and **unwieldy** to manage effectively.

そのソフトウェア企業は大きくなり過ぎて、手に余るようになり、効率的な経営ができなくなった。

manage = ～を経営する／effectively = 効率的に

類 unmanageable [ʌ̀nmǽnidʒəbl]　手に負えない、手の打ちようがない

0227 wan [wɑ́n]
弱々しい、（顔が）青白い

After the 20-mile trek through the desert, he looked **wan** and defeated.

砂漠の中を20マイルも苦労して徒歩で進んだ後、彼は弱々しく、打ちのめされたように見えた。

trek = 困難な徒歩旅行／defeated = 打ちのめされて

究極レベル2 ……形容詞&副詞

DISC1 Track43 感情・感覚

0228 affable [ǽfəbl]
愛想が良い、人好きのする

With his **affable**, fun-loving manner you would never suspect he was a wife-beater.
愛想が良く、陽気な彼が、妻に暴力をふるう夫だったとは誰も思わないだろう。
fun-loving = 楽しいことが好きな／suspect = 〜ではないかと疑う／wife-beater = 妻に暴力をふるう夫

類 amicable [ǽmikəbl] 愛想の良い、友好的な／friendly [fréndli] 人なつこい、好意的な

0229 aghast [əgǽst]
あぜんとした、肝をつぶした、怖がった

When I heard the music my teenage son had been listening to, I was **aghast**.
十代の息子が聞いていた音楽を耳にして、私はあぜんとした。

☞ be aghast at (〜に肝をつぶして) の形でよく使われる。

0230 blistering [blístəriŋ]
(批判などが) 辛辣な、痛烈な

The book offers **blistering** criticism of the president's second term.
その本は、大統領の二期目についての辛辣な批判を展開している。
criticism = 批判／term = 任期

0231 boisterous [bɔ́istərəs]
(人や言葉が) 騒々しい

He struggled to be heard over the **boisterous** audience.
彼は、騒々しい聴衆に、自分の話を聞かせようと苦心した。
struggled to = 〜しようと頑張った

0232 complacent [kəmpléisnt]
自己満足した、独り善がりの

Though we have made progress on energy conservation in recent years, we cannot grow **complacent**.
近年、私たちはエネルギー保全の面で進歩したが、これで自己満足することはできない。
have made progress = 進歩した／conservation = 節約、保全

☞ 「自己満足して危うい状態にある」というネガティブな意味。意味を強める時は self-complacentを使う。

感情・感覚

0233 craven [kréivən]
気の弱い、臆病な

Despite his **craven** image, he was a war hero in his youth.
臆病者のイメージとは裏腹に、彼は若いころ、戦争の英雄だった。
despite (in spite of) = 〜にもかかわらず

0234 delusional [dilú:ʒənl]
妄想的な

As I leapt from the cliff, my mind was **delusional** and I realized too late that I could not fly.
断崖から跳び降りた際、私は妄想にとりつかれた状態にあり、飛べないことに気付いた時には後の祭りだった。
leapt = 跳んだ／cliff = 断崖、絶壁

名 delusion [dilú:ʒən] 錯覚、妄想

0235 devout [diváut]
信心深い、敬虔な

As a **devout** Christian, I read the Bible every day.
敬虔なキリスト教徒として、私は毎日、聖書を読んでいる。
Christian = キリスト教徒

0236 endearing [indíəriŋ]
かわいらしい、親愛の情を感じさせる

Her most **endearing** quality is her childlike laugh.
彼女の一番かわいらしいところは、その子供のような笑い方だ。
childlike = 子供のような

0237 exuberant [igzú:bərənt]
熱狂的な、元気に満ちあふれた

On the day of her wedding, she was **exuberant**.
自分の結婚式の当日、彼女は喜びに満ちあふれていた。

☞ 名詞形のexuberanceを使ったirrational exuberance（根拠なき熱狂）は、グリーンスパン元FRB議長が1990年代米国のバブル経済を評した言葉として有名。

名 exuberance [igzú:bərəns] 熱狂、多大な幸福感

究極レベル2 — 形容詞&副詞

0238 giddy [gídi]
有頂天の、目が回るような、軽薄な

When he is together with his old war buddies, he is as **giddy** as a child.
彼は、昔の戦友と一緒に過ごす時、子供のように有頂天になる。
buddies = 仲間、友人

0239 heinous [héinəs]
凶悪な、憎むべき

His mother could not believe he was capable of such a **heinous crime**.
彼の母親は、自分の息子がそのような凶悪犯罪を犯すことができるとは信じられなかった。
was capable of = 〜の能力があった

☞ heinous crime（凶悪犯罪、憎むべき犯罪）の形でよく使われる。

0240 infuriating [infjúərièitiŋ]
憤りを起こさせる、激怒させるような

I found it **infuriating** to have to wait in the doctor's office for an hour before being seen.
その医院で診てもらうまで1時間も待たされて、私は憤りを感じた。

0241 jittery [dʒítəri]
そわそわした、神経質な

With oil prices soaring and the dollar falling, investors are **jittery**.
石油の価格は高騰するわ、ドルは下落するわで、投資家たちは神経質になっている。
soaring = 高騰して／investors = 投資家

類 **nervous** [nə́ːrvəs] 神経質な、緊張して

0242 preposterous [pripástərəs]
非常識な、ばかげた

The idea that decreasing taxes for the rich benefits the poor is **preposterous**.
金持ちのための減税は貧しい人の利益になる、という考えは馬鹿げている。
benefits = 〜の利益になる

感情・感覚

0243 smug [smʌ́g]
気取った、独り善がりの、うぬぼれた

He won two Academy Awards that night and for the rest of the evening wore a **smug** look on his face.
その晩、彼はアカデミー賞を二つ獲得し、その後一晩中、気取った顔をしていた。
Academy Awards = アカデミー賞／ for the rest of = 〜の後ずっと／ wore a 〜 look = 〜な表情だった

0244 unnerving [ʌnnə́ːrviŋ]
不安にさせる、落ち着きを失わせる

It is always an **unnerving** experience when I see a police car with sirens and lights flashing in my rearview mirror.
サイレンを鳴らし、ライトを点滅させたパトカーの姿をバックミラーに見るのは、いつもながら落ち着かない。
experience = 経験／ flashing = 閃かせて／ rearview mirror = バックミラー（back mirror という英語はない）

動 unnerve [ʌnnə́ːrv] 不安にさせる

0245 vaunted [vɔ́ːntid]
ご自慢の

The much **vaunted** building in New York was designed by I. M. Pei.
その大変素晴らしいと吹聴されているニューヨークのビルは、I. M. ペイによって設計された。
was designed = 設計された
※ペイは、中国生まれの著名な米国人建築家。

☞ much vaunted は決まり文句。「実力以上に自慢されている」というニュアンスがある。

0246 visceral [vísərəl]
腹の底からの、本能的な

The survivors of the earthquake felt the sheer **visceral** relief of being alive.
地震の生存者たちは、生きていることに、まさに腹の底から安堵した。
survivors = 生存者／ earthquake = 地震／ sheer = 本当の、まったくの／ relief = 安堵

☞ 原義は「内臓の」。

DISC1 Track44 態度・姿勢

0247 contrived [kəntráivd]
不自然な、わざとらしい、計画的な

The reporters felt that the moment Senator Clinton cried in front of a group of voters was **contrived**.

クリントン上院議員が有権者の一団の前で泣いたのは巧妙に計算されたものだ、と記者たちは感じた。

Senator = 上院議員

0248 disingenuous [dìsindʒénjuəs]
不誠実な、不正直な

When my uncle was alive, she hated him. So, I thought her condolences at the funeral were **disingenuous**.

叔父が生存中、彼女は叔父のことを憎んでいた。それで私は、彼女が叔父の葬儀で述べたお悔やみの言葉は不誠実だと思った。

condolences = お悔やみ、哀悼／funeral = 葬儀

0249 gruff [grʌf]
(人が) 粗野な、ぶっきらぼうな、(声が) しわがれた

The movie stars Clint Eastwood as a **gruff** boxing coach.

その映画ではクリント・イーストウッドが主演し、ぶっきらぼうなボクシングのコーチ役を演じる。

stars = 〜を主役にする

0250 in-your-face [in jər féis]
挑戦的な、強引な、傍若無人な

Spike Lee became known early in his career for his **in-your-face** attitude.

スパイク・リーはその経歴の初期には、挑戦的な態度で知られた。

career = 経歴、キャリア／attitude = 態度
※スパイク・リーは米国の黒人映画監督。

0251 leery [líəri]
用心深い、疑い深い、嫌がる

My parents were **leery** about letting their children stay out too late at night.

私の両親は、子供たちを夜遅くまで外出させるのを嫌がった。

stay out = 外にいる

☞ leery about of (〜を嫌がる・用心する) の形でよく使う。

0252 predatory [prédətɔ̀:ri]
略奪的な、肉食性の、(値段など) 法外な

Predatory lending practices were ignored by regulators for a long time because the victims were usually lower income minorities.

略奪的な貸し付け行為は監督機関に長い間見過ごされてきた。たいてい、その犠牲者は低所得のマイノリティーだったからである。

lending practices = ローン行為／regulators = 規制者／victims = 犠牲者／lower income = 低所得の／minorities = 人種的少数派

0253 sassy [sæsi]
生意気な、図々しい

The actor is known for her fashionable clothes and **sassy** attitude.

その女優は、ファッショナブルな服装と生意気な態度で知られている。

※最近では、男優も女優も actor と呼ぶ傾向がある。女優をことさら actress と女性形にするのは差別と見なされ得るからだ。

0254 staid [stéid]
真面目な、落ち着いた

Although her father was a famous 1960's rock star, she normally dresses in **staid** business suits.

彼女の父親は1960年代に有名だったロックスターだが、彼女はたいてい、真面目なビジネススーツを着ている。

0255 tepid [tépid]
(態度などが) 生ぬるい、熱意のない、冷淡な

The comedian's old jokes raised a **tepid** response from the audience.

そのコメディアンの古臭いジョークに観客は、気のない反応をした。

response = 反応／audience = 観客、聴衆

0256 wayward [wéiwərd]
不従順な、強情な、厄介な

As a **wayward** youth, he drank too much and often found himself fighting in bars.

若いころ、反抗的だった彼は、酒を飲み過ぎ、酒場でけんかすることがよくあった。

youth = 若者

究極レベル2 — 形容詞&副詞

0257 wry [rái]
（ユーモアなどで）皮肉った、ひねった

His quiet demeanor masks a very **wry** sense of humor.
彼の静かな物腰の下には、皮肉っぽいユーモアのセンスが隠れている。
demeanor = 態度、物腰／masks = 隠す

☞ a wry sense of humor（皮肉なユーモアのセンス）は決まり文句。

DISC1 Track45 能力

0258 airtight [ɛərtàit]
① （防備などが）水も漏らさぬ、完璧な
② （議論などが）隙のない

① They don't know how he got the knife onboard the plane but obviously the airport's security is far from **airtight**.
彼がどうやって飛行機内にナイフを持ち込んだかは不明だが、空港のセキュリティーが完璧とはほど遠いことは明らかだ。
onboard = 〜に乗って

☞ 原義は「気密性の高い」。
類 **airproof** [ɛərprùːf] 気密性の（ただしairtightのように議論などの形容には使えない）

0259 dodgy [dάdʒi]
①ごまかしのうまい、巧妙な　②危険な

② The real estate deal sounded **dodgy** so we withdrew our deposit.
その不動産取引は危険に思えたので、私たちは手付金を回収した。
real estate = 不動産／deal = 取引／withdrew = 取り戻した／deposit = 手付金

動 **dodge** [dάdʒ] ヒラリと身をかわす（「ドッジボール」の「ドッジ」）

DISC1 Track46 位置関係・相対関係

0260 awry [ərái]
(物事が)不首尾に終わって、目的をそれて

For the most part, working at the animal shelter was uneventful. But everything went **awry** one day when a monkey found the keys to the cages and freed all of the animals.

動物保護所での仕事はおおかた平穏だったが、ある日、所内のサルがおりの鍵を見つけて動物を皆、解放した日、すべてがダメになった。

animal shelter = 動物保護所／ uneventful = 平穏な／ freed = 〜を解放した

☞ go awry (おじゃんになる) の形でよく使われる。

0261 consensual [kənsénʃuəl]
合意に基づく

In Texas the law forbids a sexual relationship between students and teachers even if it is **consensual** and the student is over 18.

テキサス州では、教師と生徒との性的関係は、たとえそれが合意に基づき、かつ生徒が18歳以上であっても法で禁じられている。

forbids = 〜を禁じる／ sexual relationship = 性的関係

☞ consensual sex (合意に基づく性交) の形でよく使う。

0262 emblematic [èmbləmǽtik]
象徴的な、典型的な

The graffiti on the buildings in this neighborhood is **emblematic** of the urban decay we have been undergoing.

この地域の建物に書かれた落書きは、われわれが体験しつつある街の衰退を象徴している。

graffiti = 落書き／ neighborhood = 地域／ urban = 都会の／ decay = 衰退／ been undergoing = 経験しつつある

☞ emblematic of (〜を象徴して) の形でよく使われる。
名 **emblem** [émbləm] 象徴、記章

究極レベル2 …… 形容詞&副詞

0263 eponymous
[ipánəməs]

(本や映画が)主人公と同じ名前の、同じ名を冠した

In *Don Quixote*, the **eponymous** hero sets off in search of adventure and his true love, Dulcinea.

『ドン・キホーテ』では、同名の英雄が、冒険と、彼の意中の人、ドルシネアを求めて旅に出る。

sets off = 旅に出る／ in search of = 〜を求めて／ true love = 意中の人

☞ 分かりづらい単語だが、例えば、Mr. Smith and his eponymous companyとあれば、「スミス氏と彼本人の名前を冠した会社」、つまり「スミス社」のこと。

0264 foregone
[fɔːrgɔ́ːn]

既定の、決着済みの

Prior to the Democratic primaries, Senator Clinton's nomination was a **foregone** conclusion.

民主党予備選が始まる前は、クリントン上院議員の大統領候補指名は既定の結論だった。

prior to = 〜以前は／ Democratic = 民主党の／ primaries = 予備選／ nomination = (大統領候補) 指名

☞ foregone conclusion（既定の結論、確実なこと）の形でよく使われる。

0265 gratuitous
[grətjúːətəs]

①根拠のない、不必要な　②無報酬の

① In an appeal to its targeted audience of teenage boys, the film features a lot of **gratuitous** nudity.

観客層として想定している10代の男子に訴えようと、同映画には余計なヌードシーンがたくさん出てくる。

in an appeal to = 〜に訴えて／ targeted = 目標となる／ features = 〜を目玉にする／ nudity = 裸体

0266 hypothetical
[hàipəθétikəl]

仮説の、仮定的な

Plato, like any other philosopher, is known for his use of **hypothetical** examples to make his points.

プラトンは、ほかの哲学者と同様に、仮定的な例を使って自説を主張したことで知られる。

philosopher = 哲学者／ make his points = 自説を主張する

☞ 同形の名詞もあるが、名詞としてはhypothesisの方がよく出てくる。

名 hypothetical 仮定的提案

名 hypothesis [haipáθəsis] 仮説、仮定

位置関係・相対関係

0267 quintessential [kwintəsénʃəl]
真髄の、典型的な

The restaurant serves **quintessential** Japanese food; delicious sushi and sukiyaki.
そのレストランは典型的な日本料理を出す。すなわち、おいしいすしとすき焼きである。

☞ 長い単語だが、知識層がよく使う。

0268 thematic [θimǽtik]
主題の、テーマ別の

One of the novel's key **thematic** elements is the fecundity of the tropics.
この小説の中心的なテーマの一つは、熱帯地方の肥沃性である。
fecundity = 肥沃、多産性／the tropics = 熱帯地方

0269 tried-and-true [tráidntrúː]
実証済みの、試験済みの

One **tried-and-true** method for losing friends is to borrow money from them.
友人を失う実証済みの一つの方法は、彼らに借金をすることである。
method = 方法

0270 unfettered [ʌnfétərd]
束縛されない、自由な

There should be **unfettered** access to healthcare for everyone.
すべての人が、医療保障を無制限に受けられるようにするべきである。
healthcare = 医療保障、保健医療、健康管理

類 **unrestrained** [ʌnristréind]　束縛されない、のびのびした

DISC1 Track47 程度・度合い

0271 abysmal [əbízməl]
とてもひどい、惨憺たる

The United States ranks an **abysmal** 49th in the world in terms of adult literacy.
米国は、成人識字率については、世界第49位と惨憺たるものだ。
ranks = 〜の位置を占める／ adult = 成人／ literacy = 識字率

☞ 原義は「底知れず深い」で、abyss（深海）という言葉に由来。
類 **very bad**

0272 esoteric [èsətérik]
秘密の、難解な

He longed to join the secret society and be exposed to all sorts of **esoteric** knowledge.
彼はその秘密結社に入って、ありとあらゆる秘密に触れたかった。
longed to = 〜したかった／ secret society = 秘密結社／ all sorts of = あらゆる種類の

☞ 原義は「密教的な」。
反 **exoteric** [èksətérik] 一般人にも分かる、公教的な

0273 futile [fjúːtl]
無駄な、無益な

It is **futile** to argue with my husband.
私の夫と議論するのは無駄です。

類 **useless** [júːslis] 役に立たない、無用な

0274 insidious [insídiəs]
油断のならない、（病気が）潜行性の

Methane is one of the most **insidious** of all greenhouse gases.
メタンガスは、すべての温室効果ガスの中で最も油断のならないものの一つである。
greenhouse gases = 温室効果ガス

程度・度合い〜数関連・時間・頻度

0275 moot [múːt]
① 議論の余地ある、未決の
② 現実味のない、無意味な

① Whether or not Irq had the weapons of mass destruction is a **moot** point.

イラクが大量破壊兵器を所有していたか否かは議論の余地のある問題だ。

☞ ①と②では意味が全然違うので、文脈で判断するしかない。②の用法は主として米国で見られる。

0276 stripped-down [stríptdáun]
(車などが) 余計な装備を取り除いた、切り詰めた

In buying a new car, I couldn't afford the top-of-the-line model, so I ordered the **stripped-down** version.

新車を買う時、一番高いモデルを買う余裕がなかったので、余計な装備を一切省いたタイプを注文した。

top-of-the-line =(同一モデルの中で)最高価格の／version = タイプ、〜版

0277 sumptuous [sʌ́mptʃuəs]
贅沢な、豪華な

For a week, we returned each night to the restaurant and ordered a different **sumptuous** meal.

1週間にわたって私たちは毎晩そのレストランに通い、その都度異なる豪華な食事を注文した。

DISC1 Track48 時間・頻度

0278 fleeting [flíːtiŋ]
束の間の、はかない

We got a **fleeting** glimpse of our friend dressed as a turkey as his Thanksgiving Day parade float passed us by.

友人の乗った感謝祭パレードの山車が私たちの前を通り過ぎる際、七面鳥に扮装した彼の姿がちらりと見えた。

glimpse = ちらっと見ること／dressed as = 〜の衣装を着た／Thanksgiving Day = 感謝祭／parade float = パレードの山車

動 fleet [flíːt] (時間が) いつの間にか過ぎる

究極レベル2 …… 形容詞&副詞

0279 palliative [pǽlièitiv]
一時しのぎの、緩和する

The mayor has taken a **palliative** approach to our city's drug problem. It will satisfy voters but the problem remains.

市長は私たちの市の麻薬問題に対して一時しのぎ的なアプローチを取ってきた。それは有権者を満足させるだろうが、麻薬の問題は残ったままだ。

satisfy = ～を満足させる／ remains = 存続する

☞ よく使われる表現がpalliative care（緩和ケア：末期がん患者の肉体的・精神的苦痛を和らげるための医療）
☞ 名詞も同形。
名 palliative 一時しのぎ、緩和剤、酌量すべき情状、弁解

DISC1 Track49 政治・経済・法律

0280 hands-off [hǽndzɔ́ːf]
無干渉主義の

He has taken a **hands-off** approach to running this company and the result has been disastrous.

彼はこの会社の経営に無干渉主義の手法を使ってきたが、結果は大失敗だった。

running = 経営すること／ disastrous = 大失敗の、悲惨な

☞ よく使われる表現が hands-off approach（無干渉主義アプローチ）⇔ hands-on approach（直接関与的アプローチ）。
反 hands-on [hǽndzɔ́n] 直接関与の

0281 weighted [wéitid]
有権者数等に比例して票を加算した

The idea of **weighted** votes seems counter to democracy. All votes should be equal.

加重投票制という考えは民主主義に反するように思われる。すべての投票は平等であるべきだからだ。

votes = 投票／ counter to = ～に反する／ democracy = 民主主義

☞ よく使われる表現がweighted voting（加重投票制）。
☞ 投票は原則として「一人一票」だが、加重投票では、代表者の被代表人口に応じて票数が変わる。国際通貨基金（IMF）など一部の国際機関では「一国一票」ではなく、

国の出資金に応じて票数が異なる。

副詞

DISC1 Track50

0282 afoot [əfút]
(計画などが) 進行中で、(物事が) 起こりつつある

Plans are now **afoot** to redesign the city's rapid transit system.
市の高速交通システムを設計し直す計画が進行中である。
redesign = ～を設計し直す／ rapid transit = 高速交通

0283 eerily [íərili]
不気味なまでに、うす気味悪く

At four in the morning, we found the streets of Manhattan **eerily** quiet.
朝の4時、マンハッタンの通りは不気味なまでに静かだった。

形 **eery／eerie** [íəri] 不気味な

0284 explicitly [iksplísitli]
明瞭に、明示的に

The ticket **explicitly** states that no one under the age of 18 will be admitted.
そのチケットには、18歳未満は入場不可と明記されている。
under the age of = ～歳未満の／ be admitted = 入場許可された

反 **implicitly** [implísitli] 暗示的に、それとなく

0285 flatly [flǽtli]
きっぱりと、にべもなく

After I told her what I thought of her mother, she **flatly** refused to speak to me.
彼女の母親について私が思っていることを伝えたところ、彼女は私とすっかり口をきかなくなった。
refused to = ～するのを拒んだ

☞ refuse、reject、denyなど否定の動詞を修飾することが多い。

究極レベル2 形容詞&副詞

0286 point-blank [póintblǽŋk]
単刀直入に、ぶっきらぼうに

The interviewer asked Mr. Bush **point-blank** if he regretted deploying troops to Iraq.

その会見記者は、イラクに派兵したことを後悔しているかと、ブッシュ大統領に単刀直入に尋ねた。

interviewer = 会見記者（⇔ interviewee = 会見される人）／ deploying = ～を派遣すること／ troops = 軍隊

0287 squarely [skwέərli]
① 真正面から ②（責任などが）直接かかって

① The rally for the senator, aimed **squarely** at young voters, featured a line-up of singers I had never heard of.

若い有権者を真っ向から狙った、その上院議員の集会は、私が聞いたこともない名前の歌手たちが目玉になっていた。

rally = 集会／ senator = 上院議員／ featured = ～を目玉にした

ここでおさらい。explicitly、esoteric の意味と反対語は？ hypothetical はどんな意味？

Mr. 向江の英語ライフ
**Break Time Column
from N.Y.** 3

簡単な単語が報道英語で変身

簡単な日常単語が報道界で特別な意味に使われることがあります。いくつかご紹介しましょう。

まず、breakはテレビではnews-break / breaking news（ニュース速報）というふうに使われます。基本はto break news（ニュースを初めて伝える）です。また、"This just in." で「（ただ今入ってきた）速報です」の意味になります。talkingとheadをつなげたtalking-headはニュースキャスターなどしゃべる人の上半身を写した画像のことですが、転じて、「つまらないことを自信たっぷりにしゃべる人」という意味もあります。anchorの本来の意味は「錨（いかり）」ですが、テレビではニュース番組で総合的なまとめ役を果たす看板キャスターのことです（例えばNBC Nightly Newsの人気anchorはBrian Williams）。anchorは「アンカー役を果たす」という動詞にもなります。

芸能番組の種類にsitcomというのがあります。situation comedy（お笑いドラマ）の略です。家庭や職場といった同一状況を舞台に、主要登場人物も一定の連続喜劇番組を指します。対照的に、一人のコメディアンが独演するのはstand-up comedy（略してstand-up）と呼びます。ちなみにニュース番組で使われるstand-upは現場からのレポートやインタビューのことです。同じテレビ界でも部門によって意味が違ってくるようです。

究極レベル2 …… 熟語・成句

動詞句

DISC1 Track51 状態・存在

0288 fit in with
〜に適合する、〜とうまくやる

He changed his clothes and his manner of speaking to **fit in with** his various audiences.

彼はさまざまな聴衆に合わせて、服装を変えたり、話し方を変えたりした。

manner of speaking = 話し方 / various = さまざまな / audiences = 聴衆

0289 get bogged down [bágd]
行き詰まる、動きがとれなくなる

The bill looked sure to pass but recently **got bogged down** in the House of Representatives.

その法案は通過間違いなしに見えたが、このところ、下院議会で行き詰まってしまっている。

bill = 法案 / House of Representatives = 下院議会

0290 get the upper hand
優位に立つ、優勢となる

The Yankees dominated the game from the start but, in the last inning, the Astros **got the upper hand** with a bases-loaded home run.

ヤンキースは初回から試合を制していたが、最終回になってアストロズが満塁ホームランで優勢となった。

dominated = 〜を支配した / bases-loaded home run = 満塁ホームラン

☞ 動詞はgetのほかにhave、gain、winも使える。

0291 run the gamut from [A] to [B] [gǽmət]
AからBまでの範囲に及ぶ

This year's selections from the Sundance film festival **run the gamut from** comedies and animated films **to** period pieces and documentaries.

今年のサンダンス映画祭の選抜作品は、コメディー、アニメから時代物、記録映画までの範囲に及ぶ。

selections = 選抜作品 / animated films = アニメ映画 / period pieces = 時代物

☞ 名詞 gamut の原義は「音楽の全音階」。

0292 set [A] back

Aに（費用や時間などが）かかる

My new jacket **set** me **back** $250.

新しい上着は 250 ドルかかった。

☞ set backだけだと「後退させる」だが、set A［人］backだと「Aにお金や時間がかかる」。

0293 stand [A] in good stead

Aの役に立つ・利益になる

I quit training in karate when I was 12, but the lessons I learned then have **stood** me **in good stead** ever since.

私は12歳の時に空手のけいこをやめたが、その時に学んだ教訓はそれ以降ずっと私の人生に役立ってきた。

quit ＝〜を止めた／ ever since ＝ それ以来ずっと

☞ stand の代わりに hold や put も使われる。

DISC1 Track52 コミュニケーション

0294 part ways with

（人と）別れる・決別する

Because of our difficulty working together, I have decided to **part ways with** my business partner.

一緒に仕事をするのが困難だったので、私は自分のビジネス・パートナーと別れる決心をした。

0295 play up to
〜にへつらう、〜に調子を合わせる

If you want to be successful with women, you have to **play up to** their different tastes.

女性にもてたければ、彼女たちのさまざまな好みや趣味に調子を合わせないといけない。

successful with = 〜とうまくいく／ tastes = 好み、趣味

0296 take issue with
〜と意見を異にする、〜に異を唱える

The politician **took issue with** being called a liberal.

その政治家は、自分がリベラルと呼ばれることに異議を唱えた。

politician = 政治家／ liberal = 革新主義者

DISC1 Track53 行為

0297 bring [A] into the fold [fóuld]
Aを団体・組織に参加させる・特定の主張に賛同させる

In an effort to **bring** them back **into the fold**, Republicans are reaching out to these conservatives who feel alienated by President Bush's foreign policies.

共和党は、ブッシュ大統領の外交政策によって疎外感を感じているこれら保守主義者たちの支持を取り戻そうと、彼らへの接触を試みている。

in an effort to = 〜しようとして／ are reaching out to = 〜に手を差し伸べている／ conservatives = 保守主義者／ alienated = 疎外されて

☞ foldの原義は「(羊を囲う) 囲い」。

動詞句 コミュニケーション〜行為

0298 fall back on
(いざという時に) 〜に頼る

I always thought that if I didn't make it as a classical guitarist, I would have my skills as an accountant to **fall back on**.

私は、クラシックギター奏者として成功できなければ、会計士としてのスキルを頼みにしようと常に思ってきた。

make it = 成功する、うまくいく／classical guitarist = クラシックギター奏者／accountant = 会計士

0299 gear up for [giər]
〜のために準備する

The downtown area has undergone a surge of new construction and major renovation as the city **gears up for** the Olympics.

オリンピックへ向けての準備に当たり、市の中心部では新しい建設や大規模改築が急増している。

has undergone = 〜を経験した／a surge of = 〜の急増／construction = 建設／renovation = 改築

0300 get hold of
〜を手に入れる、(人を) 捕まえる

Police are now investigating how the suspects managed to **get hold of** a shotgun.

警察は現在、容疑者たちが一体どうやって散弾銃を入手したかを捜査している。

are investigating = 〜を捜査している／suspects = 容疑者／managed to = 苦労して〜した／shotgun = 散弾銃

0301 have recourse to
〜に頼る、〜に訴える

Since he was not an American citizen he did not **have recourse to** the protection of the U.S. embassy there.

彼は米国市民ではなかったので、その地の米国大使館の保護に頼れなかった。

protection = 保護／embassy = 大使館

☞ 名詞句の決まり文句もある。
recourse to law
(法に訴えること)

0302 keep [A] under wraps
Aを秘密にしておく・隠しておく

The new design of the transit center has **been kept under wraps** for months but will finally be revealed today in a presentation by the mayor.

公共交通センターの新デザインは何カ月間も秘密にされてきたが、本日、市長の発表でようやく公開される模様だ。

transit =（公共）交通／be revealed = 公開される／presentation = 発表

0303 lash out against
[lǽʃ]

〜を強く批判する

We were all surprised to see her use her Nobel Prize acceptance speech to **lash out against** China.

彼女が自分のノーベル賞受賞演説を利用して中国を強く批判したことに、私たちは皆、驚いた。

Nobel Prize = ノーベル賞／acceptance speech = 受賞演説

☞ 原義は「むちで打つ」。

0304 lend credence to
[kríːdəns]

〜の信憑性を高める

The fact that she remarried so quickly after his death **lends credence to** the popular suspicion that she only stayed with him for his money.

彼の死後、彼女がいち早く再婚した事実は、彼女が金目当てに彼と暮らしていたという人々の疑念の信憑性を高めるものだ。

remarried = 再婚した／popular suspicion = 人々の疑念

☞ lendの代わりにgiveやaddも使われる。
☞ credenceは「信用」「信頼」。

0305 line one's pockets — 私腹を肥やす

While the company's stockholders watched the value of their shares plummet, executives **lined their pockets** with exorbitant bonuses.

株主たちが株価の急落を目にしていた間、同社の幹部たちは途方もないボーナスで私腹を肥やした。

stockholders = 株主／shares = 株式／plummet = 急落する／executives = 幹部／exorbitant = 途方もない

0306 make inroads into [ínròudz] — ①一定の成果を上げる ②侵入する

① We **have made inroads into** the problem of world hunger but there is still much more to be done.

われわれは世界的飢饉の問題で一定の成果を上げたが、まだやるべきことはたくさんある。

world hunger = 世界的飢饉

0307 stand down — 辞任する

As of today, I will **stand down** from my position as head of the CIA.

本日をもって、私は CIA 長官の職を辞任いたします。

類 step down／resign [rizáin] 辞任する

0308 take over from — ～の後任に就任する

Jonathan Reeves will **take over from** the now deceased Mr. Gilmore as chairman and CEO.

ジョナサン・リーブズ氏が、故ギルモア氏の後任として会長兼最高経営責任者に就任する予定です。

deceased = 故 ～／chairman = 会長／CEO（Chief Executive Officer）= 最高経営責任者

0309 take stock of
～を精査・吟味する

The temporary break in construction will offer the architects the chance to **take stock of** how the project is progressing.

建設が一時休止されたことで、建築家たちは同プロジェクトの進行状況を精査する機会が得られるだろう。

temporary break = 一時的休止 ／ architects = 建築家 ／ is progressing = 進行している

DISC1 Track54 知覚・思考

0310 cave in
降参する、妥協する

Our baby son has discovered that if he cries long enough, we will eventually **cave in** to his demands.

私たちの赤ん坊は、ある程度泣けば、私たちが最終的に折れて自分の要求を聞き入れることを発見した。

has discovered = 発見した ／ eventually = 最終的に ／ demands = 要求

☞ caveは「ほら穴、横穴」の意で、cave inの原義は（床や地面などが）「落ち込む、陥没する」。

0311 come as no surprise
驚くに当たらない、驚くべきことではない

It should **come as no surprise** that I am a fan of the Beatles. After all, I named my son "Ringo."

私がビートルズのファンであることは驚くに当たらない。自分の息子に「リンゴ」という名前をつけたほどだから。

after all = つまる所、結局
※「リンゴ」とは、ビートルズのドラマー、リンゴ・スターのこと。

| 0312 | **come away with** | 〜という印象・考えを抱く結果となる |

After finishing my most recent novel, I hope readers will **come away with** an understanding of the humanitarian tragedies of Rwanda.

| 最新小説を書き終えた今、私はルワンダの人道上の悲劇を読者が理解するに至ることを希望する。 | an understanding of = 〜に関する理解／ humanitarian = 人道上の／ tragedies = 悲劇 |

| 0313 | **mean business** | 本気である |

"We **mean business**," the bank robbers said, as they held a gun to the teller's head.

| 銀行強盗たちは、拳銃を窓口係の頭に突き付けながら「本気だぞ」と言った。 | bank robbers = 銀行強盗／ teller = （銀行などの）窓口係 |

| 0314 | **take one's hat off to** | 〜に脱帽する |

I **take my hat off to** anyone who can finish the New York Marathon in less than three hours.

私は、ニューヨーク・マラソンを3時間以内で走れる人には誰でも脱帽します。

名詞句

DISC1　Track55

| 0315 | **boom-and-bust** [búːm] [bÁst] | 景気と不景気、好不況 |

Since the late 1990's, the mobile phone industry has endured a **boom-and-bust** cycle.

| 1990年代終わり頃から、携帯電話業界は好況・不況のサイクルに耐えてきた。 | mobile phone = 携帯電話／ has endured = 〜に耐えた |

☞ 例文のように形容詞的に使われる場合も多い。

究極レベル2 ‥‥‥ 熟語・成句

0316 carrot and stick
報酬と罰、アメとムチ

In dealing with states who sponsor terrorists, we should take a **carrot-and-stick** approach.

テロ支援国家を相手にする場合、われわれはアメとムチの手法を使うべきである。

sponsor = 〜を支援する

☞ carrots and sticks、the carrot and the stick、the carrot or the stickなどいろいろな言い方がある。
☞ 例文のように形容詞的に使われる場合、ハイフンでつながれる。

0317 food for thought
考えるべき事柄、思考の材料

Seeing the photos of car crash victims was **food for thought**. I won't be drinking and driving anymore.

自動車衝突事故の犠牲者の写真を見て、考えるところがあった。私はもう、酒を飲んで運転するのはやめる。

car crash = 自動車衝突／victims = 犠牲者

0318 kangaroo court [kǽŋgarúː]
インチキ裁判、つるし上げ

The refugees were captured on the border and convicted as rebel soldiers in a **kangaroo court**.

その難民たちは国境地帯で逮捕され、インチキ裁判で反乱軍兵士として有罪判決を受けた。

refugees = 難民／were captured = 逮捕された／(were) convicted = 有罪判決を受けた／rebel = 反乱軍の

☞ 語源は複数説あって未確定。当然ながらネガティブな意味で使われる。

0319 police blotter [blátər]
（警察の）逮捕記録簿

One can learn a lot about a city by reading the gossip pages and the **police blotters** in the local newspaper.

ある町のことをよく知りたければ、地元紙のゴシップ欄や警察逮捕記録簿を読めばよい。

local newspaper = 地元新聞、地方新聞

0320 quid pro quo
[kwíd prou kwóu]

見返り、代償物

His crime record was erased as a **quid pro quo** for supplying the FBI with information on mafia activity.

FBIにマフィアの動きについて情報を提供する見返りとして、彼の犯罪記録は抹消された。

was erased = 抹消された / supplying 〜 with ... = 〜に…を提供する

☞ 日常的に使われるラテン語表現の一つ。

0321 saving grace

せめてもの救い、唯一のとりえ

The steak was tough and the fish was not fresh. The only **saving grace** was the dessert.

ステーキは硬く、魚は新鮮ではなかった。せめてもの救いはデザートだった。

tough =（肉などが）硬い

0322 silver lining

（不幸の中の）明るい希望・見通し

They are in last place now but their dismal season could have a **silver lining** once their star pitcher recovers from his injury.

同チームは現在、最下位だが、このみじめなシーズンも、チームの花形投手がけがから復帰すれば見通しが明るくなるかもしれない。

dismal = 惨めな / recovers from = 〜から回復する / injury = けが

☞ 格言 "Every cloud has a silver lining."（どんな雲でも裏側は、太陽の光が当たって輝いている）に由来する表現。これは「逆境にあっても希望の光がどこかに射している」を意味し、そこからこのイディオムが生まれた。

0323 soul-searching — 自己省察、自己反省

After some deep **soul-searching**, she realized she could not keep the stolen money.

深い自己反省の末、彼女は盗んだお金を持っていることはできないと悟った。

realized = 〜を悟った

☞ 組織や個人に重大な事件や問題が起こった後、このsoul-searchingという言葉がよく使われる。

0324 tall order — 困難な仕事、無理な注文

The country's plans to invade and take over its neighboring country will be a **tall order**.

隣国を侵略して乗っ取るという同国の計画は、困難な企てとなるだろう。

invade = 〜を侵略する / take over = 〜を乗っ取る / neighboring = 隣の

☞ tallには「法外な」「信じられない」という口語的意味もある。

形容詞句

DISC1 Track56

0325 be behind on — 〜を滞納して

I **am behind on** my mortgage payment by six months because I lost my job in February.

私は2月に失職したので、住宅ローンの支払いを6カ月滞納している。

mortgage = 住宅ローン

0326 be bound to

必ずや〜する、〜するに違いない

With his intelligence, good looks and sense of humor, he **is bound to** succeed.

彼は頭が良く、ハンサムで、ユーモアのセンスもあるので、成功するに違いない。

intelligence = 知性

☞ 確実性が極めて高いことを示す表現。良い結果にも悪い結果にも使われる。

0327 be in the ballpark

おおよその範囲に収まって、予想範囲内で

I don't know how much it will cost to repair my car but I would guess it's going to **be in the ballpark** of $800.

車の修理代にいくらかかるか分からないが、大体、800ドルくらいだろう。

guess = 〜を推定する

☞ ballparkは形容詞的に使われる場合もある。
ballpark figure
（概算）

0328 in the know

知識がある

Most people think the best Italian food in town is at Malini's, but those **in the know** eat at Sardella's.

たいていの人は、この町の一番おいしいイタリア料理は「マリーニズ」だと思っているが、よく知っている人は「サルデーラズ」に行く。

☞ 「前置詞＋the＋動詞の原形」という形が共通の表現として、on the go（常に活動して）、on the fly（[球が] まだ空中で、大急ぎで）など。

副詞句

DISC1 Track57

0329 all too often
あまりにもしばしば〜し過ぎで

All too often we forget that family is the most important thing in life.

私たちは、人生において最も大切なものが家族であることをあまりにも忘れがちだ。

☞ ネガティブな意味で使われる。

0330 time and again
何度も、繰り返して

He has proven, **time and again**, to be untrustworthy.

彼は信頼できない人物であることを自ら繰り返し証明してきた。

has proven to = 〜であることを証明した／untrustworthy = 信頼できない

類 over and again 何度も何度も／**repeatedly** 繰り返して

0331 with a vengeance
[véndʒəns]
徹底的に、完璧に

He lost his heavyweight title two years ago, but after knocking out Felix in the first round, it appears he is back **with a vengeance**.

彼は2年前にヘビー級タイトルを失ったが、フェリックスを1ラウンドでノックアウトしたところを見ると、完全にカムバックを遂げたようだ。

heavyweight title = ヘビー級タイトル／appears = 〜したようだ

☞ 原義は「復讐を持って」。

その他

DISC1 Track58

0332 as opposed to
〜と比較対照して、〜と違って

If you want to invest your money wisely, consider long-term investments **as opposed to** "hot" stocks.

自分のお金を賢く投資したかったら、今、人気のある株を買うよりも、長期的な投資を検討しなさい。

invest = 〜を投資する／ investments = 投資／ hot = 人気の／ stocks = 株

☞ compared withは単なる比較だが、as opposed toは質的に違うものを対照させる意味がある。

0333 at one's behest
[bihést]
〜の強い要望で、〜の命令で

He executed them **at the behest of** his commanding officer.

彼は所属部隊の指揮官の命令で、彼らを処刑した。

executed = 〜を処刑した／ commanding officer = 部隊指揮官

☞ 命令する人が後置される場合は、例文のように at the behest of（人）の形になる。

0334 in conformity with
[kənfɔ́ːrməti]
〜に基づいて、〜に準拠して

In conformity with state law, the judge issued a life sentence without possibility of parole.

裁判官は州法に基づいて、仮釈放なしの終身刑を言い渡した。

judge = 裁判官／ issued =（宣言・命令を）出した／ life sentence = 終身刑／ parole = 仮釈放

0335 **in connection with** 〜に関連して

A woman arrested **in connection with** the bank heist in Florida last week insists she was surfing at the time of the crime.

先週フロリダで起きた銀行強盗に関連して逮捕された女は、事件発生当時、海で波乗りをしていたと主張する。

heist = 強盗（robbery の口語表現）／ insists = 〜だと主張する／ was surfing = 波乗りしていた

☞ in this connection（この点に関連して）もよく使われる。

0336 **in isolation from** 〜から孤立して

Working **in isolation from** other researchers, he developed a very similar drug.

ほかの研究者から孤立して研究をしながら、彼は、非常に似た薬を開発した。

researchers = 研究者／ developed = 〜を開発した

0337 **in times of** 〜の時

Watching baseball calms my nerves **in times of** stress.

ストレス時に野球を観ると、私の神経は静まる。

calms = 〜を静める／ nerves = 神経

0338 **might as well** どうせなら〜した方が良い

Since we are all trapped in this elevator together, we **might as well** get to know one another.

皆、このエレベーターに一緒に閉じ込められているのだから、お互い知り合いになった方が良さそうだ。

are trapped = 閉じ込められて／ get to know = 知り合いになる

☞「あきらめ」ないし「居直り」の感情が含まれている。

| 0339 | **on the grounds that** | ～という理由・根拠で |

The judge dismissed my speeding ticket **on the grounds that** the officer who stopped me did not correctly record the model of my car.

| その裁判官は、私を停車させた警官が私の車の車種を正しく記録しなかったという理由で、スピード違反の呼び出し状を棄却した。 | dismissed = ～を却下した／speeding ticket = スピード違反の呼び出し状／correctly = 正しく |

| 0340 | **the jury is still out** | (情報不足や審議未了のため)結論がまだ下されてない |

The jury is still out on my new boss. He is either crazy or a genius.

| 私の新しい上司がどんな人間か、結論はまだ出ていない。彼は正気でないか天才かのどちらかだ。 | genius = 天才 |

| 0341 | **the writing is on the wall** | (人や組織に)危機が迫っている |

They have announced plans to cut 30 percent of their staff. I haven't been fired yet, but **the writing is on the wall**.

| スタッフの3割を削減する計画が発表された。私はまだ解雇されていないが、危険は迫っている。 | have announced = ～を発表した／cut = ～を削減する |

☞ 聖書の話からきた表現。古代バビロンの王が略奪した品で宴会を開いた際に、壁に文字が現れ、捕虜のダニエルがそれを「滅亡の日は近い」の意味だと解読したという。

究極レベル3

LEVEL 3

大学院以上の教育を受けた
米国人がここぞという時に使う

動詞 ——————— 114

名詞 ——————— 146

形容詞・副詞 ——————— 186

熟語・成句 ——————— 226

> ノン・ネイティブがこれを
> 使えたらネイティブは驚くだろう。

start! ➡

究極レベル 3 …… 動詞

DISC1 Track59 状態・存在

0342 abate [əbéit]
（苦痛や状態の激しさが）和らぐ、〜を和らげる

Inflation should eventually **abate,** according to the Fed's forecast.
米連銀の予想によれば、インフレはやがて緩和するとのことだ。
the Fed（Federal Reserve Board / FRB）= 米国連邦準備制度理事会（米連銀）／ forecast = 予想

関 **unabated** [Ànəbéitid] 形 和らぐことなく、衰えていない
The war continued unabated.
（その戦争はやむことなく激しく続いた）

0343 belie [bilái]
実際とは違う印象を与える、〜を誤って伝える

The wealthy-looking homes north of the river **belie** the impoverished conditions of the people living there.
川の北側に並ぶ裕福そうな外見の家々は、その住人たちの貧窮状態を伝えていない。
impoverished = 貧窮に陥った

☞ 発音に注意、「ベリー」ではなく、「ビライ」。

0344 die down [dái dáun]
（風や音が）弱くなる、徐々に収まる

Firefighters are hoping winds will **die down** enough so they can contain the fire.
消防士たちは、その火事を食い止められるよう風が十分に弱まることを望んでいる。
firefighters = 消防士／ contain = 〜を制する

0345 die out [dái áut]
（種族、組織などが）全滅する

Despite the efforts of environmental organizations, it is possible polar bears may **die out** within 50 years.
環境保護団体の努力にもかかわらず、ホッキョクグマは今後50年以内に絶滅するかもしれない。
environmental = 環境の／ polar bears = ホッキョクグマ

0346 drag out
[drǽg áut]

〜を長引かせる、長引く

The defendant grew frustrated as the court appeared to **drag out** the trial.

裁判官が裁判を長引かせているように見えたので、被告人は欲求不満を募らせた。

defendant = 被告（人）／ trial = 裁判

0347 enervate
[énərvèit]

〜を弱める

Putting too much money and power in the hands of government may **enervate** private enterprise.

度を超した財力と権力を政府の手にゆだねると、民間企業を弱める可能性がある。

enterprise = 企業

類 weaken [wíːkən]　〜を弱める、弱まる

0348 eventuate in
[ivéntʃuèit in]

〜という結果になる、〜を生じさせる

The rise of European anti-Semitism **eventuated in** the Holocaust.

欧州での反ユダヤ主義の盛り上がりは、ホロコーストという結果を招いた。

anti-Semitism = 反ユダヤ主義

反 eventuate from　〜に起因する、〜から生じる

☞ この対語はresult in（〜という結果になる）とresult from（〜に起因する）との関係と同じ。

0349 galvanize
[gǽlvənàiz]

〜を活気づかせる

Despite their efforts, the campaigners were unable to **galvanize** popular support for their candidate.

努力したにもかかわらず、選挙運動家たちは候補者への一般の支持を活性化することができなかった。

☞ galvanizeには「〜に亜鉛メッキする」の意味もあり、galvanizedと形容詞にすると、「亜鉛メッキされた」の意味になる。

galvanized iron
（トタン板）

0350 **hem in** [hém ìn]
〜を閉じ込める・取り巻く

The tranquil town **is hemmed in** by rolling hills and lush forests.
その静かな町は、なだらかに起伏する丘々と緑豊かな森に取り囲まれている。
lush = 緑豊かな

☞ be hemmed in（取り囲まれている）の形でよく使う。

0351 **hunker down** [hʌ́ŋkər dáun]
（危険などが過ぎ去るまで）じっと大人しくしておく

As recession approaches, consumers plan to **hunker down**, spend less and hope for the best.
不況が近づくにつれ、消費者は、じっと大人しくして消費を減らし、最善を望むつもりだ。
recession = 不況／consumers = 消費者

☞ 原義は「しゃがみ込む」。しかし実際には、「危険が過ぎ去るまでじっと我慢する、大人しくしておく」という比喩的な意味で使われることが多い。

0352 **inoculate against** [inάkjulèit əgénst]
①〜に対して免疫をつける
②〜に予防接種をする

① Few people today worry about polio, having **been inoculated against** the disease.
すでに免疫を備えているので、小児まひを心配する人は、今ではほとんどいない。

② The doctor **inoculated** her **against** hepatitis B.
医者は彼女にB型肝炎の予防接種をした。
polio = 小児まひ／hepatitis = 肝炎

0353 **percolate through** [pə́:rkəlèit θrú:]
〜に（液体が）浸透する・（思考や制度が）行き渡る

Water **percolates through** the soil, nurturing the roots of the tree.
水は土に浸透し、樹木の根を育成する。
soil = 土壌／nurturing = 〜を育成する

状態・存在

0354 slacken [slǽkən]
(物事が) 不活発になる、減速する

Revenue losses at a few key companies have stoked investors' fears that profit growth across the industry will **slacken**.

主要企業数社の収益減は、同業界の収益成長が減速するのではとの投資家の恐れをかき立てた。

revenue = 収益／ have stoked = (火に) 燃料を与えた、(恐れなどを) あおった／ profit = 利益

0355 smooth over [smúːð óuvər]
(もめ事などを) 丸く収める、(過失などを) ごまかす

Voters can easily see through his efforts to **smooth over** the many scandals of his presidency.

有権者たちは、自分の大統領時代の多くのスキャンダルをうやむやにしようとする彼の努力を、簡単に見抜くことができる。

see through = 見抜く、見破る／ presidency = 大統領職、大統領就任期間

0356 sunder [sʌ́ndər]
~を切断する・分裂させる

The progress made by the former CEO's reforms **was sundered** by the ineptitude of his successor.

前CEOの改革による進歩は、後任者の無能力で途絶えた。

progress = 進歩、前進／ CEO (Chief Executive Officer) = (企業の) 最高経営責任者／ ineptitude = 無能力

☞ 通常はbe sunderedという受身の形で使われる。

0357 throttle back [θrɑ́tl bǽk]
(活動などを) 減速する

Following massive recalls, the automaker plans to **throttle back** plans to export their latest model.

大量の製品回収の後、その自動車メーカーは最新型の輸出計画を削減する予定である。

massive = 大量の、大規模の／ recalls = 欠陥製品の回収

☞ 名詞も同形のthrottle。
名 throttle (エンジンの) 絞り弁
at full throttle
(全速で、エネルギー全開で)

究極レベル3 …… 動詞

0358 transpire [trænspáiər]
~と判明する、~という結果になる

The author of the play, it **transpires**, will also direct the film adaptation.
その劇の作者が、映画化作品も監督することが判明した。
direct = ~を監督する／adaptation = 翻案、改作

0359 wallow in [wálou in]
(快楽などに) 溺れる・酔う・ふける

Some voices on the far left seem intent on **wallowing in** anti-Americanism.
極左側の発言を聞いていると、中にはただただ反米主義にふけっているように思える声もある。
the far left = 過激な左翼／intent on = 余念がない、ふけっている

0360 waterlog [wɔ́:tərlɔ̀:g]
~を水浸しにする

Following the unseasonable rainstorms, many of the **waterlogged** plants are dying.
季節外れの豪雨の後、水浸しとなった植物の多くは死にかけている。
unseasonable = 季節外れの

☞ 原義は「船を水浸しにさせ、航行できなくさせる」。

DISC1 Track60 コミュニケーション

0361 aver [əvə́:r]
~と断言する

Some sources **aver** that the actor was romantically involved with another man.
その俳優は、もう一人別の男と恋愛関係にあったと断言する情報源もある。
actor = 俳優（今では「女優」にも使われる）

0362 blurt out [blə́ːrt áut]
〜をうっかり口に出す

The student **blurted out** the answer before the teacher finished asking the question.

その学生は、教師が質問を終えないうちに解答を口走った。

0363 bruit about [brúːt əbáut]
〜について言いふらす

I don't **bruit about** this much because I'm somewhat ashamed of it, but as a child I wanted to be a lawyer.

恥ずかしいのであまり言いふらさないが、私は子供のころ、将来は弁護士になりたかった。

(am) ashamed of = 〜を恥ずかしく思う

0364 cavil at [kǽvəl ət]
〜にけちをつける、〜のあら探しをする

The other women routinely **caviled at** her unorthodox sense of fashion.

そのもう一方の女性は彼女の型破りな服装にいつもケチをつけた。

routinely = いつも、決まって／ unorthodox = 慣習を無視した、型破りの

0365 chasten [tʃéisn]
〜をしかる・懲らしめる

Mr. Bush downplayed his previous efforts to **chasten** opponents of the war.

ブッシュ氏は、以前、戦争反対派をやっきになってしかりつけたことを軽視した。

downplayed = 〜を控えめに見せた・軽く扱った／ opponents = 反対者、敵

0366 coddle [kάdl]
〜を甘やかす

It was embarrassing the way she pampered and **coddled** her dog as if it were a child.

彼女が自分の犬をまるで子供のように思うままにさせ、甘やかすのは、見ていてバツが悪かった。

embarrassing = まごつかせるような、ばつの悪い／ pampered = 〜を好きなようにさせた

究極レベル3 …… 動詞

0367 countenance [káuntənəns]
〜を黙認する

Because of its thirst for oil, the U.S. would never **countenance** military threats against Saudi Arabia.
石油を渇望する米国は、サウジアラビアへの軍事脅威を決して黙認しないだろう。
thirst for = 〜への渇望

0368 disabuse [dìsəbjúːz]
（間違いを）悟らせる

The magazine's editors regard it as their duty to **disabuse** the public of the false information put forth by the current administration.
その雑誌の編集者は、現政権の広める誤った情報から国民の目を覚まさせることは自分たちの責務だと考えている。
put forth = 広められた／administration = 政権

☞ disabuse A［人］of B［状態］（AにBが間違いであることを悟らせる）の形でよく使われる。
☞ 日本人には分かりにくい表現の一つだが、知識層がよく使うのでマスターしたい。

0369 divine [diváin]
〜を予言する・推測する

The polling company **has** successfully **divined** the winner of the past four elections.
その世論調査会社は、過去4回の選挙の勝利者に関する予測を首尾よく的中させた。
polling company = 世論調査会社

☞ 同形の形容詞divineは「神の」という意味だが、動詞では「神託を下す」が転じて「予言する」「推測する」の意味となった。
形 divine　神の

0370 egg on [ég ɔ̀ːn]
励まして〜させる、そそのかす

Egged on by his peers, the student published scandalous photographs of his teacher on his website.
仲間にそそのかされたその学生は、自分が教わる教師の恥ずべき写真を自らのウェブサイトに載せた。
peers = 仲間、友達／published = 〜を公表した／scandalous = 恥ずべき、ひどい

☞ egg somebody on to do something（人を励まして［そそのかして］何かをさせる）の形でよく使う。

| 0371 | **enunciate** [inʌ́nsièit] | (意見を) 明瞭に述べる・表明する |

The candidate seems uniquely able to **enunciate** policies that register with voters.

その候補者は、有権者にアピールする政策を明確に表明できる比類ない能力を持っているようだ。

candidate = 候補者／ uniquely = 比類なく、独自に／ register with = ～にアピールする、～の心に訴える

| 0372 | **equivocate** [ikwívəkèit] | お茶を濁す、言葉巧みに逃げる |

Voters want answers. They don't want to hear candidates **equivocate** on issues that are important to them.

有権者は回答を求めている。彼らは、自分たちにとって重要な諸問題に関し、候補者が言葉巧みに逃げるのを聞きたくないのだ。

issues = 問題、争点

| 0373 | **eviscerate** [ivísərèit] | ① (議論などを) 骨抜きにする
② (人を) コケにする |

② The comedian was famous for **eviscerating** audience members for a laugh.

そのコメディアンは、笑わせるためには観客をもコケにすることで知られていた。

☞ 原義は「動物の内臓を取り除く」。

| 0374 | **expound on** [ikspáund ən] | ～について詳しく解説する |

For one hour, the Senator **expounded on** the differences between the healthcare proposal of her opponent and her own.

その上院議員は1時間にもわたって、対立候補と彼女自身の保健医療政策提案の違いを詳しく説明した。

opponent = 反対者、対抗者

☞ 知識層がよく使う言葉。

究極レベル3 ...... 動詞

0375 extemporize [ikstémpəràiz]
（演説や演奏を）即席でする

Many were surprised to learn that he **extemporized** his brilliant speech.
彼が素晴らしい演説を即興で行ったことを知って、多くの人が驚いた。

副 extemporaneously [ekstèmpəréiniəsli] 即席で、即興で
He spoke extemporaneously on global political and economic trends.
（彼は世界政治・経済の傾向について即興で話をした）

0376 flesh out [fléʃ áut]
〜を肉付けする

The bill is unlikely to pass because many details have not been fully **fleshed out**.
その法案は、細部の多くが完全には肉付けされていないので通過しそうにない。
bill = 法案

0377 gainsay [géinsèi]
〜を否定する、〜に反論する

Though you may disagree with his method of delivery, it is difficult to **gainsay** his arguments.
彼の話し方に君は異議を唱えるかもしれないが、その内容に反論するのは難しい。
delivery = 話しぶり、弁舌、話し方

0378 glad-hand [glǽdhænd]
（人に）心にもないお愛想を言う

Bill Clinton was reviled by some for his habit of **glad-handing** Hollywood stars.
ビル・クリントンはハリウッドのスターたちにお愛想を言うクセがあるので、中には悪口を言う者もいた。
was reviled by = 〜に悪口を言われた

0379 gloss over [glás óuvər]
〜をうまく言い逃れる・言い抜ける

The candidate **glossed over** the points of her opponent's proposal, preferring to focus on the question of his electability.
その候補者は、対立候補の政策提案の核をうまく言い逃れ、対立候補が選出されるにふさわしい人物かどうかに焦点を当てようとした。
preferring to = むしろ〜したがる／electability = 選出されるにふさわしいこと

0380 harp on
[háːrp ən]

〜をくどくどと繰り返す

His tendency to **harp on** minor points has alienated him from many potential friends.

彼はつまらないことをくどくどと繰り返す癖があるので、潜在的な友人の多くを遠ざけてきた。

tendency = 性癖、傾向／has alienated = 〜を遠ざけた・疎外した

☞ たいていはネガティブな意味で使われる。

0381 imbue
[imbjúː]

〜に（考えや特徴などを）吹き込む・注ぎ込む

All of his work **is imbued** with the sensibilities of his upbringing in the French Quarter of New Orleans.

彼のすべての作品に、彼の育ったニューオリンズ・フレンチクオーターの感性が吹き込まれている。

sensibilities = 感性／upbringing = 育ち

☞ imbue A with B（AにBを注ぎ込む）の形でよく使われる。

0382 obfuscate
[ábfəskèit]

（問題の核心を）ぼやかす、ごまかす

One cannot trust a politician who repeatedly chooses to **obfuscate** rather than provide simple, honest answers.

分かりやすく正直な答えを出さず、繰り返し核心をごまかそうとする政治家は信頼できない。

0383 opine
[əpáin]

（自分の）意見を述べる

He icily **opined** that greed was the root of the financial industry's current turmoil.

現在の金融業界の混乱の原因は貪欲にある、と彼は冷淡に述べた。

icily = 冷淡に／turmoil = 混乱、騒動

☞ 「自分自身の意見を述べる」という意味。

類 **express one's own opinion** 自分自身の意見を表明する

究極レベル3 …… 動詞

0384 overfocus on
[òuvərfóukəs ən]
～に過度に関心を払う

The administration **has overfocused on** Iraq at the expense of domestic problems.

政権はイラク問題に過度の関心を払い、国内問題を犠牲にしてきた。

at the expense of = ～を犠牲にして

0385 prevaricate
[privǽrəkèit]
言い逃れる、お茶を濁す

Sources say the regime will **prevaricate** and slow down reform until the international community turns its attention elsewhere.

その政権は国際社会の関心がどこか別の方向にそれるまで言い逃れをし、改革を遅らせるだろう、と情報筋は言う。

regime = 政治体制、政権 / reform = 改革

0386 propitiate
[prəpíʃièit]
～をなだめる、～の機嫌をとる

Human sacrifice was one way to **propitiate** the gods and ensure divine protection.

人間のいけにえは、神々をなだめ、神の保護を確保する一つの方法だった。

sacrifice = 犠牲、いけにえ / ensure = ～を確実なものにする / divine = 神の

0387 propound
[prəpáund]
（議論などを）主張する

His peers in the scientific community scoffed at the theory he **propounded** in his latest publication.

科学界の同輩たちは、彼が最近の出版物で主張した理論を嘲笑した。

peers = 同輩、同僚 / scoffed at = ～を嘲笑した

0388 rebuff
[ribʌ́f]
～を拒絶する

The U.S. **has rebuffed** Europe's plan for sustained cuts in greenhouse gas emissions.

米国は、地球温暖化ガス排出を持続的に削減するという欧州案を拒絶した。

sustained cuts = 持続的な削減 / greenhouse gas emissions = 温室効果ガスの排出

類 reject [ridʒékt] ～を拒絶する

コミュニケーション

0389 recant [rikænt]
（自説や信念を）撤回する

Martin Luther was excommunicated by Pope Leo X for his refusal to **recant** his religious beliefs.

マルティン・ルターは、自分の宗教上の信念を撤回することを拒否したため、ローマ教皇レオ10世によって破門された。

was excommunicated = 破門された／religious beliefs = 宗教上の信念

類 withdraw [wiðdrɔ́ː] 〜を取り消す・撤回する

0390 regurgitate [rigɔ́ːrdʒətèit]
〜を（機械的に）反復する

Though his speaking style was engaging, he was known to simply **regurgitate** points from more knowledgeable thinkers.

彼の話し方は魅力的だったが、話の内容は、より知識のある思想家たちの論点を単に反復することで知られていた。

engaging = 人を引き付ける

☞ 牛などが「反すうする」という原義から、「考えずに反復する」という意味に転じた。ネガティブな意味で使われる。

0391 scotch [skátʃ]
（うわさなどを）打ち消す、（反乱などを）鎮圧する

Government insiders **scotched** rumors that the vice president would step aside before the presidential election.

連邦政府関係者は、副大統領が選挙前に辞任するとのうわさを打ち消した。

insiders = 内部の人、消息通／step aside = 辞任する

0392 sound out [sáund áut]
（意見などを）探る

The presidential candidate's campaign has already begun to **sound out** candidates for cabinet positions.

その大統領候補の選挙運動本部はすでに、閣僚の候補者選びを始めた。

campaign = 選挙運動、選挙運動本部

☞ sound A［人］out about B［物事］（Bに関してAの意見を探る）の形でもよく使われる。

究極レベル3 …… 動詞

0393 spurn [spə́:rn]
〜を軽蔑する・鼻でフンとあしらう

Mr. Bloomberg **spurns** dwelling on past events and prefers to focus on the future.
ブルームバーグ氏は過去のことをくよくよ考えることを軽蔑し、将来に焦点を定めることを好む。

dwelling on = 〜をくよくよ考えること
※ブルームバーグ氏はニューヨーク市長（2008年7月時点）。

0394 vituperate [vitjú:pərèit]
〜をののしる

There is no reason to **vituperate** your opponent's political positions in an attempt to boost your own.
自分の政治的立場を強めるために、反対者の立場を罵倒していい理由はない。

opponent = 反対者、敵／boost = 〜を押し上げる・促進する

☞ criticize [人] harshly（辛辣に非難する）にも言い換えられる。

DISC1 Track61 動作

0395 clamber over [klǽmbər óuvər]
（障害物などを）よじ登って向こう側に出る

The boys were able to safely **clamber over** the rocks.
少年たちは岩をよじ登って安全に向こう側に出ることができた。

☞「手足を使って苦労してよじ登る」という感じで、単に「登る」climb overと異なる。

0396 defenestrate [di:fénəstrèit]
①〜を窓から放り出す　②〜を捨てる

② After repeated gaffes, supporters urged the senator to **defenestrate** his campaign manager.
（選挙運動の）失態が続いた後、支持者たちは選挙対策本部長をクビにするよう上院議員に強く勧めた。

gaffes = 失策、失態

☞「窓から放り出す」から転じて、「物を思い切りよく捨てたり、人をクビにしたりする」ことを表すのに使われる。ネイティブでも意味を知らない人が多い。

| 0397 | **ensconce** [inskáns] | ~を安置する、~に腰を落ち着かせる、~を隠す |

With his most recent album, he firmly **ensconces** himself in the genre of aging rock star.

最新アルバムを出した彼は、熟年ロックスターの仲間入りを確固たるものにした。

genre = ジャンル

☞ ensconce oneself in「(ソファなどに) ゆったりと腰を落ち着ける」の形でよく使われる。

☞ 物理的に座ったりする時だけでなく、例文のように比喩的にも使われる。

| 0398 | **gesticulate** [dʒestíkjulèit] | 身ぶりで話す、手まねで話す |

His habit of wildly **gesticulating** with his hands while speaking often alienated listeners.

話している間、両手で大げさに手まねする癖のせいで、彼は聴衆を遠ざけることが多かった。

alienated = 遠ざけた

| 0399 | **grimace at** [grímas ət] | ~にしかめっ面をする |

He **grimaced at** the news that she would run for president.

彼女が大統領選に立候補する、という知らせを聞いて彼はしかめっ面をした。

run for = ~の競争に出る、~に立候補する

☞ 名詞も同形。

名 grimace しかめっ面、作り顔

| 0400 | **nurse** [nə́ːrs] | (飲み物などを) 時間をかけて飲む |

"Pico Pete's has the most authentic guacamole in town," said Maggie Jones, **nursing** a margarita.

マルガリータをちびちび飲みながら、「ピコ・ピートが町で一番ちゃんとしたグアカモレを出すわよ」とマギー・ジョーンズは言った。

authentic = 本物の / guacamole = グアカモレ (つぶしたアボカドに香辛料などを加えたソース) / margarita = マルガリータ (テキーラベースのカクテル)

☞ 原義は「看病する」だが、酒などを「いとおしむように時間をかけて飲む」と言う場合にもよく使う。

究極レベル3 …… 動詞

0401 pat down
[pǽt dáun]
手のひらで服の上からチェックする

Even after you go through the metal detector, you still have to endure being **patted down** by security officers.

金属探知機を通過した後であっても、警備員によって服の上から手で触って調べられることを我慢しなくてはいけない。

detector = 探知機

☞ 映画などで警官が容疑者を服の上から手で探り、武器を持っているかどうか調べるシーンを想像してほしい。あれがpat downだ。

0402 pounce on
[páuns ɔn]
（動物が獲物に）襲いかかる、（機会などを）逃さず捕まえる

Supporters of Clinton and McCain were eager to **pounce on** Obama's comments about race like lions on an antelope.

クリントン、マケイン両候補の支持者たちは、オバマ候補の人種発言をまるでアンテロープに襲いかかるライオンのように批判したがった。

were eager to = 〜したがった

0403 roam about
[róum əbáut]
〜を自由に歩き回る・うろうろする

During the day he **roams about** the city searching for ideas for his next novel.

日中、彼は次の小説のアイデアを探し求めて町をうろうろする。

searching for = 〜を探し求めて

0404 snuggle up to
[snʌ́gl ʌ̀p tu]
〜に擦り寄る

Jeniffer Lopez **snuggled up to** George Clooney in *Out of Sight*.

映画『アウト・オブ・サイト』の中でジェニファー・ロペスはジョージ・クルーニーに擦り寄った。

0405 swab
[swɑ́b]
〜を（検査のため）綿棒でひと拭きする

At the evacuation center, nurses **swab** the nasal passages of new evacuees to test for certain types of bacteria.

避難センターにおいて、看護師は新しい避難者たちの鼻腔を綿棒で拭き、特定のバクテリアを持っているかどうか検査する。

evacuation = 避難／nasal passages = 鼻腔／evacuees = 避難者

☞ 名詞も同形。

名 swab 掃除棒

cotton swab
(綿棒)

0406 train [tréin]
(銃を人に)向ける

The detective **trained** his gun on the suspect and told him not to move.
刑事は容疑者に拳銃を向けて、動かないよう命令した。
detective = 刑事、探偵／ suspect = 容疑者

☞ 「訓練する」という意味のほかに「武器を向ける」という意味がある。
☞ train A [武器] on B [人] の形でよく使う。

0407 trudge [trʌ́dʒ]
とぼとぼ歩く、重い足取りで歩く

After twelve hours of work every day, she **trudges** home from the train station carrying two large bags.
毎日12時間働いた後、彼女は駅から家まで大きなバッグを二つ抱えて、とぼとぼ歩いて帰る。

DISC1 Track62 行為

0408 adjourn [ədʒə́ːrn]
～を延期する

The trial **was adjourned** until Monday due to the objections of the defense attorney.
裁判は被告側の弁護団からの異議により、月曜まで延期された。
trial = 裁判／ due to = ～のために、～によって／ objections = 異議／ defense = 被告側

☞ ある期日まで延期される場合はuntil、一定期間延期される場合はforを使う。
The meeting was adjourned for two weeks.
(会議は2週間延長された)

究極レベル3 …… 動詞

0409 annihilate
[ənáiəlèit]

(人や組織を) 壊滅させる

The primary goal of warfare is to **annihilate** the enemy.
戦争の主要目的は敵を壊滅させることである。
warfare = 戦争

☞ 真ん中のhは発音しない。

0410 backstop
[bǽkstɑ̀p]

〜を支援する・補強する

The company's strength in innovation is **backstopped** by its commitment to hiring from the nation's top schools.
その企業の革新能力は、国内のトップ校から従業員を雇うという同社の方針で補強されている。
innovation = 革新／commitment = 公約、責任

☞ 原義は野球の「バックネット」あるいは「捕手」。

0411 barnstorm
[bɑ́ːrnstɔ̀ːrm]

(政治家が) 地方遊説する

Bill and Hillary Clinton **barnstormed** through Pennsylvania, speaking at multiple rallies in one day.
ビル・クリントンとヒラリー・クリントンはペンシルバニア州を遊説し、一日のうちに複数の集会で演説した。
multiple = 複数の、多様な／rallies = 集会

☞ 政治家は農家の納屋 (barn) にズカズカと入り込み (storm)、作り笑いで農民と握手するというイメージからできた単語。

0412 best
[bést]

(他人を) 打ち負かす

He believes that Al Qaeda's plans for a second major attack in the U.S. **have been bested** by the brilliant intelligence work of the CIA.
アルカイダによる2回目の対米大規模攻撃の計画がCIAの見事な諜報活動により失敗した、と彼は信じている。
intelligence work = 諜報活動

☞ bestはgoodやwellの最上級だけでなく、動詞の原型でもあることに注意。

0413 **bludgeon** [blʌ́dʒən]
～を脅迫する

Russia used its vast energy resources to **bludgeon** its neighbors.
ロシアはその膨大なエネルギー資源を武器に、近隣諸国を脅迫した。
vast = 膨大な／resources = 資源

☞ 原義は「棍棒で叩く」。類語のthreatenよりも格段に意味が強い。
類 threaten [θrétn] ～を脅す

0414 **browbeat** [bráubìːt]
～を威嚇する

Special interest groups in the U.S. regularly **browbeat** politicians into adopting policies beneficial to them.
米国の特殊利益集団は政治家を定期的に脅し、それら集団に有益な政策を取らせる。
special interest groups = 特殊利益集団（例えば NRA［全米ライフル協会］や AIPAC［アメリカ・イスラエル公共問題委員会］など）／adopting = ～を採択すること／beneficial to = ～に有益な

☞ browbeat A［人］into B［状態］（Aを脅してBの状態にさせる）の形でよく使われる。

0415 **comb through** [kóum θrúː]
～を丹念に捜索する・調べる

The state's Department of Public Safety **combs through** official records and other databases for information on unregistered sex offenders.
州の公安局は、未登録性犯罪者の情報を得るため公的記録やその他のデータベースを丹念に調査している。
offenders = 犯罪者

☞ 原義は「くしで髪をすく」。

0416 **confound** [kɑnfáund]
～を混乱させる・面食らわせる

Oil speculators have driven oil prices beyond their fundamental levels, **confounding** many analysts.
石油投機筋は、本来の水準を超えるほどにまで石油価格を高騰させ、多くのアナリストを混乱させている。
speculators = 投機家／fundamental = 基本的な、本来の

究極レベル3 …… 動詞

0417 crowd out [kráud áut]
〜を（場所が狭くなって）締め出す

The author's detractors believe that his firm Christian faith **crowds out** his openness to scientific ideas.

その著者をけなす人々は、彼の強いキリスト教信仰が科学的思考に対する彼の寛大さを制約していると考えている。

detractors = けなす人、誹謗する人／openness = 開放、心の広さ

0418 dabble in [dǽbl in]
（物事を）ちょっとかじる

Because of my short attention span, I **dabble in** many different hobbies.

私は移り気なので、いろいろな趣味をあれこれちょっとかじる。

attention span = 集中力が続く時間

0419 deep-six [díːpsíks]
〜を放棄する

Shrinking enrollment has forced the university to **deep-six** plans to build a new library.

入学者数が減少しているので、その大学は図書館新築の計画を放棄せざるを得なかった。

enrollment = 入学、入学者数

☞ 原義は「水葬に付す」「海上投棄する」。水葬を行う時、最低6尋（約11メートル）の水深が必要とされたことに由来する。

0420 dragoon [drəgúːn]
（人に）無理やりさせる

It seems that President Bush **has dragooned** Senator McCain into full support of the war effort.

ブッシュ大統領は、マケイン上院議員が戦争努力を全面的に支持するよう、無理強いしたように思える。

☞ dragoon A [人] into B [状態・事柄]（Aに無理やりBをさせる）の形でよく使う。
☞ 原義は「（竜騎銃を持った）騎兵隊」で、銃で何かを強制することから。

行為

0421 dupe [djúːp]
～をだます

Shareholders are furious and feel they have **been duped** by executives into buying worthless shares.
株主たちは、会社の幹部にだまされて無価値の株を買わされたと感じ、ひどく怒っている。
shareholders = 株主／worthless = 無価値の

☞ dupe A［人］into B［状態・事柄］（AをだましてBをさせる）の形でよく使う。

0422 effect [ifékt]
～を実施する・実行する

Your transaction will **be effected** within three business days.
あなたの取引は3営業日のうちに実行されます。
transaction = 取引

☞ effectは名詞では「影響」の意味。しかし「影響する」という動詞はaffectで、ネイティブでもよく混同するので注意。
The current stem cell research should not be affected by this bill.
（現行の幹細胞研究は当法案により影響を受けるべきではない）

名 effect 影響

0423 elucidate [ilúːsədèit]
～を解明する

Further research must be conducted to **elucidate** how this strain of the disease crossed over to humans.
この変種の病気がどうやって人間に感染したかを解明するには、さらなる研究が必要だ。
be conducted = 行われる／strain = 変種／crossed over = 移った、移行した

☞ 類義語のexplainは一般的なことを「説明する」時に使われるが、elucidateはもっと学問的なことを「説明する」場合に使われる傾向がある。

類 explain [ikspléin] ～を説明する

0424 forbear [fɔːrbéər]
～を差し控える

I **forbore** to laugh at my boss's ridiculous hairstyle.
私は上司の妙な髪型を笑うのを差し控えた。

☞ forbear from ～ingとも言う。その同義語はrefrain from ～ing。I forbore[refrained] from laughing at my boss's ridiculous hairstyle.のように言う。

0425 fritter away [frítər əwéi] ～を浪費する

Though at one time he was quite wealthy, it appears that he **has frittered away** his savings through years of retirement and his penchant for expensive trips.

かつて彼は相当の金持ちだったが、長年の引退生活と、大好きな贅沢旅行のせいで、貯蓄を浪費したようだ。

retirement = 引退／ penchant = 強い好み

0426 goad [góud] 無理やり～させる

The underage defendant says he **was goaded** into the attack by his uncle, who is currently serving a five-year sentence in Attica State Prison.

その未成年の被告は、アッティカ州刑務所で懲役5年を服役中の彼の叔父に襲撃を無理強いされたと供述している。

underage = 未成年の／ defendant = 被告／ is serving =（刑期を）務めている／ five-year sentence = 懲役5年

☞ goad A［人］into B［状態・事柄］（Aに無理やりBをさせる）の形でよく使う。
☞ 名詞 goadが「（家畜を追うための）刺し棒」を意味することに由来する。

0427 haggle out [hǽgl áut] （取引を通じて）条件や値段を決定する

Unfortunately, she will have to remain in jail until next week while attorneys **haggle out** the terms of her bail.

残念ながら彼女は、弁護士たちが保釈条件を取引して決める間、来週まで拘置所にとどまらなければならないだろう。

attorneys = 弁護士／ terms = 条件／ bail = 保釈、保釈金

0428 hush up
[hʌ́ʃ ʌ́p]

(うわさなどを）もみ消す、（人を）黙らせる

With two of its employees under investigation for insider trading, the company itself has now been accused of trying to **hush up** the matter.

社員二人がインサイダー取引の疑いで取り調べを受けている中、同社自体が、事件のもみ消しを図ったと非難されている。

investigation = 調査、取調べ／ insider trading = インサイダー取引／ be accused of = ～について非難されて

0429 impute
[impjúːt]

（罪や過失を）～のせいにする

Though some would **impute** the death of up to 500,000 Iraqis to George Bush, he is not personally responsible.

最大50万人に達するイラク人の死をブッシュ大統領のせいにしようとする人々もいるが、彼に個人責任はない。

up to = ～に達する

☞ impute A to B（AをBのせいにする、Aという性格付けをBに与える）の形でよく使う。

0430 jettison
[dʒétəsn]

（考えなどを）捨て去る

If Americans studied their own history, they would be forced to **jettison** their view of the country as the world's model of liberty.

米国人が自分たちの国の歴史を勉強すれば、米国が世界を代表する自由のモデルだという自らの考えを捨て去らざるを得ないだろう。

☞ 見慣れない単語だが、知識層がよく使う言葉。

0431 mete out
[míːt áut]

（罰や罪などを）割り当てる

The defense lawyer told the court that 15 years was more than sufficient to **mete out** just punishment.

被告側弁護士は裁判官に対し、15年の刑は正当な処罰として十二分であると述べた。

defense = 被告側／ court = 裁判官、判事／ sufficient = 十分な

0432 milk [mílk]
〜を搾取する・盗む・巧妙に利用する

After 30 years, the esteemed attorney resigned in shame, facing accusations that he **milked** funds for himself from his wealthy clients.

過去30年にわたって高く評価されてきたその弁護士は、裕福な顧客から資金をだまし取って私腹を肥やしたかどで起訴され、不名誉のうちに辞任した。

esteemed = 尊敬された、高く評価された／ in shame = 不名誉のうちに／ accusations = 非難、起訴／ funds = 資金

☞ 原義は「乳を搾る」。

0433 muff [mʌ́f]
〜をしくじる、（機会などを）逃す

The actor was so nervous that he **muffed** his lines occasionally.

俳優は緊張してしまい、自分の台詞を時折飛ばした。

0434 overshoot [òuvərʃúːt]
（標的などを）射越す、度を超える

Economists fear that slowing growth could cause borrowing to **overshoot** government forecasts.

エコノミストたちは、成長の鈍化により資金借り入れが政府予測の域を超えかねないと危惧している。

borrowing = 資金借り入れ／ government forecasts = 政府予測

※要するに、景気後退で、政府予測よりも企業の借金が増えそうだ、という危惧。

0435 pester [péstər]
（人に）付きまとって悩ませる

The IRS hires private debt collection firms to **pester** taxpayers who owe Uncle Sam.

内国税庁は、米政府に負債のある納税者に付きまとって払わせるよう、民間債権取り立て業者を雇っている。

IRS (Internal Revenue Service) = 内国税庁（米国の国税庁）／ debt collection = 負債取立て／ Uncle Sam = 米国（擬人化した呼び名）

☞ 「うるさく付きまとう」という感じ。

行為

0436 predicate [prédikèit]
〜に基づかせる、〜を前提にする

Before his heart surgery, his happiness seemed **predicated** on a steady diet of hamburgers and cigarettes.

心臓手術の前は、彼の幸福は、常にハンバーガーを食べ、タバコを吸うことを前提にしているように思われた。

surgery = 外科手術／ diet = 日常の食事

☞ predicate A on B（AをBに基づかせる）の形でよく使う。
☞ 学術論文などでよく見掛ける表現。

0437 rake in [réik in]
(大金などを) かき集める、荒稼ぎをする

In 2007, the IRS **raked in** more than $2 trillion in taxes.

2007年に、内国税庁は2兆ドルを超える税金をかき集めた。

☞ ほとんどの場合、ネガティブな意味で使われる。

0438 ram through [rǽm θrúː]
(法案や提案を) 力で押し通す

The Bush administration took advantage of the Republican majority in Congress to **ram through** legislation without concern for Democratic support.

ブッシュ政権は議会での共和党多数を利用し、民主党議員の支持の有無を気にせずに法案を力で押し通した。

took advantage of = 〜を利用した／ Republican = 共和党の／ Congress = 米国議会／ legislation = 立法、法律／ without concern for = 〜にお構いなしに／ Democratic = 民主党の

☞ 「ゴリ押しする」といった感じ。

0439 rebel [ribél]
反逆する、反抗する

The memorial commemorates the Battle of Lexington and Concord, where colonists first **rebelled** against British rule.

その記念碑は、植民者が最初に英国支配に対してむほんを起こしたレキシントンとコンコードの戦いを記念している。

commemorates = 〜を記念する

名 **rebel** [rébəl]　むほん人、反逆者（アクセントは前のeに移動）
名 **rebellion** [ribéljən]　反乱

137

0440 rehash [ríːhæʃ]
（過去の物事を）蒸し返す

I no longer follow politics as the politicians just seem to **rehash** the same old debates of the past.

政治家たちは過去の同じ論争を蒸し返しているだけのように見えるので、私はもう政治には興味がない。

debates = 討論、論争

☞ ネガティブな意味で使う。

0441 renege on [rinéig ɔn]
〜の約束に背く

The president seems likely to **renege on** his promise to lower taxes.

大統領は、税金引き下げという彼の公約をほごにしそうな気配だ。

lower = 〜を引き下げる

0442 sate [séit]
（食欲などを）十分に満足させる

By the time we finished the giant bowl of gumbo, we were completely **sated**.

ガンボの大鉢を平らげたころには、私たちは完全に満ち足りていた。

gumbo = ガンボ（オクラのスープに魚介類や鶏肉を混ぜた米国南部料理）

0443 scuttle [skʌ́tl]
（合意や計画などを）廃棄する

NASA **scuttled** plans for the previous manned spacecraft because of a problem with its fuel tank.

連邦航空宇宙局は、燃料タンクのトラブルが原因で、以前よりの有人宇宙船計画を廃棄した。

NASA (National Aeronautics and Space Administration) = 米国航空宇宙局／manned spacecraft = 有人宇宙船

☞ 原義は「船に穴を開けて沈める」。

0444 seize on
[síːz ən]

(機会などを) 素早くとらえる

Opponents of Darwinism will **seize on** anything to strengthen their argument, even if it is unscientific.

ダーウィン理論反対派は、自分たちの議論を強化できるならば、たとえ非科学的なものであっても飛びついて利用するだろう。

opponents = 反対者／ Darwinism = ダーウィン理論（進化論）／ unscientific = 非科学的な

0445 send for
[sénd fɚr]

(家族などを) 呼び寄せる

After he became a legal citizen, he settled down and **sent for** his family.

合法市民となった後、彼は居を構えて家族を呼び寄せた。

settled down = 身を落ち着けた

☞ send for の原義は「～が来るように人を呼びにやる」。

0446 sick
[sík]

(犬をけしかけて誰かを) 襲わせる

If you don't get out of my yard, I'll **sick** my dog on you!

庭から出ないと、犬をけしかけるぞ。

☞ sick a dog on someone (人に犬をけしかける) の形で使う。
☞ sic ともつづる。

0447 squander
[skwάndɚ]

(お金、時間、資源などを) 浪費する

Producing plastic bags **squanders** millions of barrels of oil every year.

ビニール袋の生産に毎年、何百万バレルもの石油が浪費されている。

plastic bags = ビニール袋

0448 stud
[stʌ́d]

～に散りばめる

The moon's surface **is studded** with craters.

月の表面にはクレーターが散在している。

surface = 表面／ craters = 火山の噴火口

☞ stud A with B (AにBを散りばめる) またはB be studded with A (BにAが散在する) の形で使う。

究極レベル3 …… 動詞

0449 stymie [stáimi]
〜を妨害する、〜の障害となる

Government-imposed regulations will **stymie** economic growth and innovation.

政府が押し付ける規制は、経済成長と革新を妨げるだろう。

regulations = 規制

☞ 元々はゴルフ用語。ホールと自分のボールの間に他人のボールがあって障害になっている状態を言う。

0450 trounce [tráuns]
〜を惨敗させる

Polls show the former president would **trounce** the incumbent president if an election were held now.

複数の世論調査によると、今、選挙が実施されたなら、前大統領が現職大統領を惨敗させる模様だ。

polls = 世論調査／incumbent = 現職の

☞ スポーツの試合に関してもよく使われる。

0451 undergird [ʌ̀ndərgə́ːrd]
〜を下から支える

His religious upbringing **undergirds** every decision he makes.

彼の受けた宗教的教育が彼の下す決定すべてを支えている。

upbringing = 教育、育ち

---

predicateやjettisonなんて動詞を使えたらネイティブも驚きます。

DISC1 Track63 知覚・思考

0452 atone for
[ətóun fər]

(罪などを）悔い改める

In the Jewish calendar, Yom Kippur is a day set aside to **atone for** the sins of the past year.
ユダヤ人の暦においてヨムキプールは、過去1年間の罪を悔い改めるために用意された日である。
set aside = 用意された、取っておかれた

0453 blush
[bláʃ]

赤面する

Despite his innocent looks, he is a man who knows how to make a lady **blush**.
彼は無邪気な顔つきをしているが、女性を赤面させる方法を知っている男だ。
innocent = 無邪気な、無実の

形 **blushful** [bláʃfəl] 赤面する、はにかむ

0454 delude
[dilúːd]

(人の心を）惑わせる・まんまと欺く

People shouldn't **delude** themselves into thinking marriage is anything like what you find in a 1950's Hollywood movie.
人々は結婚に関して、1950年代のハリウッド映画に出てくるようなそれと勘違いすべきではない。

☞ delude oneself（自らを欺く、勘違いをする）の形でよく使う。

0455 discombobulate
[dìskəmbάbjulèit]

〜をあわてさせる・混乱させる

We were told to keep quiet on the green because cheering might **discombobulate** golfers.
応援の声がゴルファーたちの心を乱すかもしれないので、私たちはグリーンの上で静かにするように言われた。

0456 discomfit [diskʌ́mfit] ～を当惑させる・狼狽させる

The resurrection of the scandals of the Clinton years seems to **discomfit** Hillary.

クリントン大統領時代のスキャンダルが復活して、ヒラリー・クリントンを当惑させているようである。

resurrection = 復活、再流行

☞ discomfort（不快にさせる）と混同しないよう注意。

名 **discomfiture** [diskʌ́mfətʃər] 当惑、挫折

0457 disparage [dispǽridʒ] ～を見くびる・蔑視する

Native American activists feel that team names like the Washington Redskins **disparage** their ethnic group.

米国先住民活動家たちは、「ワシントン・レッドスキン」といったチーム名が、自分たちの民族集団を蔑視していると感じている。

形 **disparaging** [dispǽridʒiŋ] けなした、さげすんだ

The civil rights leader, Andrew Young, apologized for his disparaging remarks about Jewish, Korean and Arab shopkeepers.

（公民権指導者のアンドリュー・ヤングは、ユダヤ系・韓国系・アラブ系の商店主に対して軽蔑するような言葉を口にしたことを謝罪した）

☞ disparaging remarks（軽蔑するような発言）という表現はよく使われる。

0458 gloat over [glóut óuvər] （人の失敗や欠点を）ほくそ笑む

The novelist loved to **gloat over** the firing of the editor who rejected his first novel.

その小説家は、彼の処女作を拒絶した編集者が解雇されたことを大いにほくそ笑んだ。

0459 grate on [gréit ən]
(人に) 不快感を与える、(人を) いらだたせる

Though I enjoy her earlier albums, it **grates on** me to hear her recent cliche-ridden work.
彼女の初期のアルバムは好きだが、最近の曲を聴くと陳腐な表現だらけでいらだってくる。
cliche-ridden = 決まり文句だらけの、陳腐な表現で一杯の

☞ grateの原義は「下ろし金で下ろす」。「下ろし金」自体はgrater。

0460 mull over [mʌ́l óuvər]
〜を熟考する・くどくど考える

Though Steve is not religious, the Pope's words gave him something to **mull over**.
スティーブは信心深くはないが、教皇の言葉は熟考する材料を彼に与えてくれた。
Pope = ローマ教皇

0461 salve [sǽlv]
(苦痛や傷を) 癒す、和らげる

The big paycheck temporarily **salved** the bruising the writer got from book critics.
その多額の小切手は、書評家たちの批判によってこうむった作家の傷を一時的ではあるが和らげた。
bruising = 傷

☞ 名詞も同形。
名 salve 慰み、塗り薬

究極レベル3 …… 動詞

0462 smart under
[smá:rt ʌ́ndər]

~に苦しむ

California's Japanese Americans still **smart under** the memory of internment camps during World War II.

カリフォルニア州の日系米国人は依然として、第2次世界大戦中の強制収容キャンプの記憶に苦しんでいる。

internment = 抑留、強制収容

☞ 肉体的・精神的な苦痛の両方に使われる。
☞ 精神的な苦痛を表す場合はsmart under the memory of（~の記憶に苦しむ）の形になることが多い。

0463 spoil for
[spóil fɔr]

~したがってうずうずしている

Having been ignored for too long, war veterans **are spoiling for** a fight over health benefits.

あまりにも長い間、無視し続けられた退役軍人たちは、健康保険をめぐって一戦を交えようとうずうずしている。

war veterans = 退役軍人／health benefits = 医療補助、医療保険

☞ spoilだけだと「甘やかす」「ダメにする」だが、その進行形にforが付くと「無性に~したがっている」の意味になる。
☞ be spoiling for a fight with（~とけんかしたくてうずうずしている）の形でよく使われる。

---

spoilという簡単な言葉もspoil forとなると意味がまったく違ってきます。油断大敵！

Mr. 向江の英語ライフ
Break Time Column
from N.Y. 4

時代によって変遷する英語表現

英語では、口に出したり、書いたりするのがはばかられる単語は、その頭文字にハイフンで word をつなげて表現する傾向があります。一番有名なのは、黒人差別用語の nigger を示す N-word でしょう。1960 年代の公民権運動以降、政治家やセレブがこの原語を公に使ったら失墜間違いなし。文脈上、必要な場合は、N-word と言い換えます。皮肉なことに今、原語を平気で使うのは若い黒人男性と一部の黒人ラッパーだけです。多分、人種的連帯感の表明でしょうが、互いにそう呼び合う若い世代を見て、実際に白人からそう呼ばれた体験を持つ年配の黒人たちは眉をひそめます。

N-word と同じくらいの歴史を誇る（！）のは F-word でしょう。今では、怒った時にこの fuck という原語を使う若い女性も多いようです。1980 年代以降に流行ったのは L-word です。'80 年代のレーガン共和党右派政権以降、自由市場と小さな政府、強硬な反共外交を標榜する保守派が米国で優勢となり、反対派に Liberal のレッテルを貼って攻撃しました。2001 年に起きた同時多発テロの後、そのレッテルはブッシュ政権のテロ対策を批判する人々にも貼られ、新たな神通力を獲得しました。今後、誰が大統領になるかで、状況は変わっていくのかもしれません。

究極レベル 3 …… 名詞

DISC2 Track01 政治・経済・法律

0464 bailiwick [béiləwìk]
管轄領域、得意分野

Foreign policy was always Fidel Castro's **bailiwick**.
これまで外交は常にフィデル・カストロの管轄だった。
※2008年7月現在、キューバの政権は外交を含めて、フィデルの弟のラウル・カストロが掌握している。

☞ 原義は「英国の法執行吏／地方行政官 (bailiff) の管轄地域」。

0465 devolution [dèvəlúːʃən]
(権力などの) 拡散、分権化

A constitution that included the option of **devolution** was approved despite Sunni opposition.
スンニ派の反対にもかかわらず、権力分散化の選択を含む憲法が承認された。
constitution = 憲法／option = 選択／was approved = 承認された／opposition = 反対
※イラクにおける少数派のスンニ派が分権化に反対するのは、国が分権化されると多数派のシーア派が国の大部分を事実上統治することになるから。

☞ devolution は英国では、スコットランドやウェールズへの権力分散を指す場合によく使われる。

0466 drawdown [drɔ́ːdàun]
(兵力の) 削減、(一般的な) 削減・縮小

Calls for the **drawdown** of U.S. forces in Iraq pointed to shifting attitudes toward the war.
イラク駐留米軍削減への要求は、その戦争に対する態度の変化を示していた。
calls for = ～を要求する声／pointed to = ～を示した・物語った

☞ 「兵力削減」の意味で使われるのは主として米国。

0467 duumvirate [djuːʌ́mvərət]
二頭政治、二人統治

Blair and Brown comprised a **duumvirate,** which pushed through privatizations even Thatcher never attempted.
ブレアとブラウンは二頭政治を形成し、サッチャーでさえ試みもしなかった民営化を断行した。
comprised = ～を形成した／pushued through = ～を押し通した／privatizations = 民営化

☞ 語源はラテン語の duum (= 2) + vir (=人)。
☞ ちなみに「三頭政治」は triumvirate [traiʌ́mvərət]。

0468 interpellation
[ìntərpəléiʃən]

（議会で首相や大臣に対する）説明要求

The House approved an **interpellation** proposal to investigate the prime minister over the firing of the minister of trade.

下院は、貿易大臣免職について首相を審査する説明要求提議を承認した。

House = 下院／approved = 〜を承認した／investigate = 〜を審査する・調査する

0469 interregnum
[ìntərrégnəm]

政治的空白期間、空位期間

The **interregnum** between Charles I and Charles II was marked by the rise of Puritan ideals under the Commonwealth Parliament.

チャールズ1世とチャールズ2世の間の空位期で特徴的だったのは、イギリス共和国議会の下で清教徒的な理想が盛り上がったことだ。

was marked = 特徴付けられた／Puritan = 清教徒の／the Commonwealth Parliament = イギリス共和国議会（the Commonwealth［イギリス共和国］は、クロムウェルがチャールズ1世を処刑し、1649年に成立させた。1660年の王政復古で終焉を迎える）

☞ 語源はラテン語のinter (=間の) + regnum (=統治)。

0470 lucre
[lúːkər]

もうけ、利益

Some fans still believe that Bob Dylan's decision to leave folk music behind and pick up an electric guitar was motivated purely by **lucre**.

ボブ・ディランのファンの中には、彼がフォーク音楽をやめてエレキギターを使い始めたのは純然たる金もうけが動機だったと信じる人もまだいる。

was motivated = 動機付けられた、動かされた

形 **lucrative** [lúːkrətiv] 金になる、もうかる

0471 nonaggression
[nὰnəgréʃən]

不可侵

Chad and Sudan agreed to sign a new **nonaggression** pact to end support for rebel activity on their borders.

チャドとスーダンは、両国の国境地帯における反乱活動への支援をやめるため、新しい不可侵条約を締結することで合意した。

rebel = 反乱

※チャドとスーダンは自国の反乱勢力を支持しているとお互いを批判していた。

☞ nonaggression pact/treaty（不可侵条約）の形でよく使われる。

0472 papacy [péipəsi]
ローマ教皇職、教皇制度

The cardinal, a candidate for the **papacy,** was quoted as saying that the use of condoms was a "lesser evil" than AIDS.

教皇候補であるその枢機卿は、コンドームの使用はエイズに比べれば「まだましだ」と述べたとされた。

cardinal 枢機卿／was quoted = 引用された／AIDS（Acquired Immune Deficiency Syndrome）= エイズ（後天性免疫不全症候群）／lesser evil = より邪悪でない

※カトリック教会は信者に対して、コンドームを含むあらゆる避妊用具の使用を禁止している。

0473 peculation [pèkjuléiʃən]
(公金) 横領、官物私用

Tommy used his position as a bank manager to embezzle $20 million, but his **peculation** did not go undetected.

トミーは銀行支店人の立場を利用して 2000 万ドルを着服したが、彼の横領は気付かれずには済まなかった。

embezzle = ～を着服する・使い込む／go undetected = 気付かれずに済む

類 embezzlement [imbézlmənt] 使い込み、横領

0474 rampart [rǽmpɑːrt]
城壁、防御壁

Romans settled in Belgrade in the first century A.D. and traces of their **ramparts** still stand at Belgrade Fortress.

ローマ人は紀元 1 世紀にベオグラードに定住、彼らの城壁の痕跡はベオグラード要塞に今なお残っている。

traces = 痕跡／fortress = 要塞

☞ 通常、複数形。

0475 sway [swéi]
支配、統治、影響力

Though Ozawa won the Upper House vote, it is the Lower House decision that **holds sway**.

小沢は参議院の投票では勝ったが、決定権を持つのは衆議院である。

Upper House = 参議院／Lower House = 衆議院

☞ hold sway over（～に対する影響力を持つ、～を支配する）の形でよく使われる。

DISC2 Track02 社会・関係性

0476 alms [ɑ́ːmz]
(貧困民のための)施し、義捐金

The pillars of Islam include recitation of prayers, fasting during Ramadan, giving **alms** to the poor and making at least one pilgrimage to Mecca.

イスラム教の教えの柱は、祈りを復唱し、断食月に断食し、貧者に施しを与え、一生に少なくとも1回メッカを巡礼することを含んでいる。

pillars = 柱、要／ recitation = 暗唱、復唱／ fasting = 断食する／ Ramadan = 断食月／ pilgrimage = 巡礼

☞ 常に複数形。

0477 anathema [ənǽθəmə]
タブー、大嫌いなもの

Raising taxes is **anathema** to most Republicans.

増税はほとんどの共和党員にとってタブーだ。

Republicans = 共和党員

☞ A is anathema to B (AはBにとってタブー) の形でよく使われる。
☞ 常に無冠詞で使われることに注意。

0478 confab [kánfæb]
会合、集まり

The AMA holds an annual three-day **confab** featuring talks from experts in every specialty.

米国医師会は、各分野の専門家による講演を呼び物とする、3日間にわたる年次会合を開催する。

AMA (American Medical Association) = 米国医師会／ featuring = 〜を呼び物にした

☞ confabulationの短縮形。
動 confabulate [kənfǽbjulèit] 談笑する、討論する

0479 counterproposal [káuntərprəpòuzəl]
対抗案

The Democrats' **counterproposal** failed to gain consensus despite the unpopularity of the original Republican proposal.

共和党による最初の提案が不人気だったにもかかわらず、民主党側の対抗案も合意を得なかった。

Democrats = 民主党員／failed to = 〜に失敗した／consensus = 合意、統一見解／unpopularity = 不人気

関 counterexample [káuntərigzæmpl] 名 反例、反証

0480 discomfiture [diskʌ́mfətʃər]
(計画などの) 挫折、当惑

Beijing did everything to avoid **discomfiture** in advance of the Olympics.

中国は、オリンピックを控えて計画の頓挫を防ぐために何でもした。

Beijing = 北京（転じて「中国政府」）／in advance of = 〜の前に

0481 iniquity [iníkwəti]
不公平さ、不正、不法行為

Living in the Lower East Side of Manhattan in the 1970's, I learned a lot about the **iniquities** of the city streets.

1970年代、マンハッタンのロウアーイーストサイドに住んでいて、街のさまざまな不公平な事柄について多くを学んだ。

Lower East Side = ロウアーイーストサイド（マンハッタン島南端の東半分。昔はスラム街だった）

☞ 抽象名詞としては常に単数形だが、例文のように、「不公平な事柄」という具体的な事例を指す場合は複数形も可。

0482 modality [moudǽləti]
形式、様式

Healthcare costs have gone up in part because of improvements in treatment **modalities**.

治療方法が改善されたことを一因として、医療費が増大してきた。

healthcare = 保健医療／in part = 部分的に／improvements = 改善／treatment = 治療

社会・関係性

0483 opprobrium [əpróubriəm] 非難、不名誉

Putin would have been overwhelmed with international **opprobrium** had he tried to serve a third term.

プーチン大統領が（憲法改正して）3期目を務めたとしたら、彼は国際的批判に押しつぶされていただろう。

been overwhelmed with = 〜に圧倒されて、制圧されて／ had he tried to = もし彼が〜しようとしていたら

※プーチン大統領は自分の子飼いを大統領に当選させ、自らは首相に就任して大統領を背後から操る道を選んだ。

形 **opprobrious** [əpróubriəs]　（行為などが）不真面目な

0484 penury [pénjəri] 貧困、赤貧

She lives in **penury**, raising three children on a housemaid's income.

彼女は、お手伝いさんの収入で3人の子供を育てながらとても貧しい暮らしをしている。

類 **poverty** [pávərti]　貧困

0485 preferment [prifə́ːrmənt] 優遇、優先、昇進

Awarding first-time homebuyers tax **preferments** is one way to encourage home ownership.

初めての住宅購入者に税制上の優遇措置を与えることは、持ち家奨励策の一つである。

home ownership = 家を持つこと

0486 tether [téðər] （知識・能力などの）限界、（家畜をつなぐ）ロープ

They are at the end of their **tether**. If things don't change soon, there will surely be a rebellion.

彼らはもう限界状態だ。事態が早急に変わらなければ、反乱が起こるだろう。

things = 事情、状況／ rebellion = 反乱

☞ at the end of one's tether（もう限界にきて）の形でよく使われる。

究極レベル3 …… 名詞

DISC2 Track03 言語・学問・宗教・芸術

0487 antinomy [æntínəmi] 二律背反

The U.S. was faced with the following **antinomy**: leaving Iraq could result in a humanitarian disaster, but staying in Iraq could incite more violence.

米国は以下の二律背反に直面した。イラク撤退は人道上の惨事につながりかねないが、イラク駐留維持はより多くの暴力を誘発するだろう。

humanitarian = 人道的な、人道上の／ disaster = 災害、惨事／ incite = ～を扇動する

☞ 二つの法則が両立し得ない状態を指す哲学用語。

0488 aspersion [əspə́ːrʒən] 非難、中傷

Barack Obama's supporters suggested that Hillary Clinton had cast **aspersions** on Martin Luther King Jr.

バラク・オバマの支持者たちは、ヒラリー・クリントンが故マーチン・ルーサー・キング牧師を中傷したとほのめかした。

☞ 通常、複数形。
☞ cast aspersions on (～を中傷する) の形でよく使われる。

0489 blurb [bláːrb] (本のカバーなどにある) 自画自賛的な広告

According to the **blurb** on the back of the book, it is the author's finest work.

裏表紙の広告によると、本書は著者の最高の作品だとされる。

according to = ～によると

0490 brogue [bróug] (特にアイルランドやスコットランドの) なまり

The comedian has a distinctive Scottish **brogue,** which sometimes makes his act difficult to understand.

そのコメディアンはスコットランドなまりが強いので、時に彼の出し物は理解困難になる。

distinctive = 明確な、紛れもない

類 accent [ǽksent] 地方なまり、アクセント

0491 bureaucratese [bjùərəkrætíːz]
お役所言葉、官僚用語

"Preemptive war" is simply **bureaucratese** for launching an unprovoked invasion.
「先制的戦争」というのは単に、正当な理由のない侵略を開始するという意味の官僚用語である。

preemptive = 先制的／launching =（攻撃などを）開始する／unprovoked = 正当な理由のない／invasion = 侵略

0492 comeuppance [kÀmÁpəns]
天罰、当然の報い

The real world is not like a fairy tale where the hero always wins and the villain gets his **comeuppance**.
現実世界は、英雄が常に勝ち、悪者が天罰を受けるおとぎ話のようなものではない。

fairy tale = おとぎ話／villain = 悪者、悪漢

0493 cryptology [kriptálədʒi]
暗号作成・解読、暗号学

For the last 10 years he has worked for the CIA as a **cryptology** technician.
過去10年間、彼は米国中央情報局で暗号技師として勤務してきた。

CIA (Central Intelligence Agency) = 米国中央情報局

☞ 語源はギリシア語のcrypto（秘密の）+ logy（学問）。

0494 denouement [dèinuːmɑ́ːŋ]
（劇などの）大団円、結末、（事件などの）解決

The novel's **denouement** is surprising and totally original.
その小説の結末は意外で、まったく独創的だ。

surprising = 驚くべき、意外な

☞ 元はフランス語。

0495 **dichotomy** [daikátəmi] 二元論

The **dichotomy** between ambition and devotion to family is at the center of the "Godfather" films.
野心と家族への献身との二元論が、「ゴッドファーザー」映画の中心にある。
ambition = 野心／devotion = 献身

☞ 人文・社会科学の論文によく出てくる言葉。
- 形 **dichotomous** [daikátəməs] 二元論の
- 名 **dichotomist** [daikátəmist] 二元論者
- 類 **dualism** [djúːəlìzm] 二元論、二重性

0496 **disquisition** [dìskwəzíʃən] 論考、探求

The best part of the book is a long **disquisition** on Einstein's Theory of Relativity.
本書の圧巻は、アインシュタインの相対性理論に関する長い論考である。
Theory of Relativity = 相対性理論

☞ やや形式ばった言葉。

0497 **drawl** [drɔ́ːl] 物憂いしゃべり方

Her slow melodic Southern **drawl** made her commonplace observations seem more meaningful.
彼女のゆったりとした音楽のような南部なまりのせいで、その平凡な意見がより有意義なものように聞こえた。
melodic = 音楽的な、調子の美しい／commonplace = ありふれた、平凡な／observations = 意見、観察

☞ Southern drawl（米国南部特有の方言、南部なまり）は決まり文句。母音を延ばした、ゆったりとした感じの話し方。

0498 **eclecticism** [ikléktəsizm] 折衷主義

The Beatles' *White Album* pioneered a new era of **eclecticism** in pop music.
ビートルズの『ホワイト・アルバム』は、ポップ音楽における折衷主義の新時代を切り開いた。
pioneered = 〜を切り開いた・開拓した

| 0499 | **epitaph** [épitæf] | 墓碑銘 |

Just before he died, he was so concerned with his legacy that he wrote his own **epitaph**.

彼は亡くなる直前、自分の死後の名声をとても心配していたので、墓碑銘を自分で書いた。

legacy = 遺産、（死後や退任後の）名声

☞ 語源はギリシャ語のepi-（〜の上に）+ taph（墓）。

| 0500 | **epithet** [épəθèt] | 通り名 |

School officials discovered an anti-Semitic **epithet** and other racist graffiti on the bathroom wall.

学校の職員は、トイレの壁に反ユダヤ的な蔑称やその他の人種差別的落書きを見つけた。

anti-Semitic = 反ユダヤ的な／racist = 人種差別的な／graffiti = 落書き

☞ 決まり文句としてracial epithet（人種差別的な蔑称）。例えばアフリカ系米国人をniggerと呼ぶことがそれに当たる。

☞ 語源はギリシャ語のepi-（〜の上に）+ thet（置いた）。

| 0501 | **hokum** [hóukəm] | まがい物、でたらめ、ナンセンス、（舞台などで）受けをねらった台詞や仕草 |

The museum features the supposed skeleton of a winged horse and other **hokum**.

その博物館は、羽の生えた馬の骨格とされるものやその他のまがい物を目玉としている。

supposed = 〜とされている、〜と想定された

| 0502 | **iconography** [àikənágrəfi] | 聖像描写、聖像研究、図解法 |

The bulk of her paintings draw on Incan, Mayan, and Aztec **iconography**.

彼女の絵画の大多数は、インカ、マヤ、アステカの聖像描写に基づいている。

bulk = 大半、大多数／draw on = 〜に頼る・基づく

究極レベル3 …… 名詞

0503 imprimatur [ìmprimáːtər]
お墨付き、正式な承認印

The U.N. refused to give America and Britain its **imprimatur** on the 2003 invasion of Iraq.
国連は2003年のイラク侵攻において、米国と英国にそのお墨付きを与えることを拒否した。
invasion = 侵攻

☞ 原義は「カトリック教会による出版許可」。

0504 incantation [ìnkæntéiʃən]
呪文、まじない、決まり文句

The monks recited their **incantations** in an eerie monotone that sounded more like humming than prayer.
僧侶たちは不気味な一本調子で呪文を唱えたが、それは祈りというよりもうなり声に近かった。
monks = 僧侶／recited = ～を朗唱した／eerie = 不気味な／monotone = 単調さ、一本調子

形 **incantatory** [inkǽntətɔ̀ːri] 呪文の

0505 infantilism [infǽntəlìzm]
幼児的言動

Wall Street executives get into trouble over and over again because of their greed and **infantilism**.
米国金融業界の幹部たちは、その欲深さと幼児性で、何度も繰り返し問題を起こす。
Wall Street = ウォール街（ニューヨークにある株式取引所の所在地。転じて「米国金融業界」を指す）／get into trouble = 問題を起こす／over and over again = 何度も繰り返して

0506 invective [invéktiv]
ののしり、毒舌

The defendant attacked his own lawyers and hurled **invectives** at the judge.
被告は自分自身の弁護団を非難し、裁判官を罵倒した。
defendant = 被告／hurled = ～を投げつけた

☞ 通常、複数形。

言語・学問・宗教・芸術

0507 mimesis
[mimíːsis]

（修辞上の）模倣、（生物の）擬態

With the improved technology of the 20th century, photography surpassed painting in terms of **mimesis**.

20世紀の技術改善のおかげで、写真は現実模倣の点で絵画を凌駕した。

improved = 改善された／ surpassed = ～を凌駕した／ in terms of = ～の点で

類 imitation [imətéiʃən] 模倣、まね

0508 mush
[mʌʃ]

感傷的過ぎる言葉、たわごと

The serious points of Al Gore's *An Inconvenient Truth* were marred by his sentimental **mush**.

アル・ゴアの『不都合な真実』は、彼の感傷的過ぎる言葉でその深刻な主張が損なわれた。

were marred = 損なわれた

☞ 原義は「（どろどろした）トウモロコシ粥」。

0509 neologism
[niálədʒizm]

新語、造語症

"Truthiness" is a **neologism** coined by comedian Steven Colbert referring to Bush's preference for acting on intuition rather than facts.

"truthiness"は、ブッシュ大統領が事実よりも直観に基づく行動を好むことに言及して、コメディアンのスティーブン・コルバートが作った新語である。

coined = （言葉などが）作られた／ referring to = ～に言及して／ preference = えり好み／ intuition = 直観

0510 oxymoron
[àksimɔ́ːrɑn]

撞着語法、矛盾した言い方

The label he prefers for himself is an **oxymoron**: conservative liberal.

彼が自身を描写するのに好むレッテル「保守的なリベラル」は、撞着語法である。

☞ 本来、「両立し得ない二つの言葉を接合して文章的効果を上げようとする技法」。しかし日常的には、表現の矛盾を指摘して批判する時に使われる。

0511 **pictograph** [píktəgræf]
象形文字、絵文字

The cave walls were covered in ancient **pictographs** illustrating a buffalo hunt.

洞窟の壁は、バッファロー狩りを表す古代の象形文字で覆われていた。

buffalo hunt = バッファロー狩り

類 pictogram [píktəgræm]　象形文字、絵文字

0512 **platitude** [plǽtətjùːd]
陳腐さ、決まり文句

Willie Nelson rejected common country music **platitudes** such as lost love and drunkenness and focused on more complex themes.

ウィリー・ネルソンは、失恋や酒びたりといったカントリー音楽に共通の陳腐なテーマを拒否し、もっと複雑なテーマに焦点を絞った。

drunkenness = 酒びたり／ focused on = 〜に焦点を当てた／ complex = 複雑な

※ウィリー・ネルソンは米国のカントリー歌手・ソングライター。

形 platitudinous [plætətjúːdənəs]　平凡な、月並みなことを言う

0513 **preface** [préfis]
序文、序論

In the novel's **preface**, the author talks about his real life experience in Tibet, which inspired the fictional account.

その小説の序文において著者は、物語を書くきっかけとなった、チベットでの暮らしの実体験に触れている。

experience = 経験／ inspired = 〜のきっかけになった、〜を鼓舞した／ fictional = 虚構の／ account = 話、(個人的) 記述

☞ 原則として、著者自身が書いた序文がpreface、他人に書いてもらった序文はforeword。

形 prefatory [préfətɔ̀ːri]　序文の、前置きの

0514 **puffery** [pʌ́fəri]
大げさな称賛、誇大広告

Since advertising and politics are so dominated by **puffery** and public relations spin, I no longer trust anything I hear or read anymore.

広告と政治はともに大仰な称賛と歪曲された広報に支配されているので、私はもう何を聞いても何を読んでも信用しない。

advertising = 広告／ are dominated = 支配されて／ public relations spin = 広報上の歪曲、きれい事

☞ 米語表現。

0515 recitation [rèsətéiʃən]
朗唱、（公開の場での）暗唱

Following a **recitation** of a popular biblical passage, the minister led the congregation in prayer.
聖書のよく知られた一節の朗唱に続いて、牧師は信者たちを祈りへと導いた。
biblical = 聖書の／ passage = 一節／ minister = 牧師／ congregation = 教会に集まった信者の一団

名 recital [risáitl]　リサイタル、独演会、暗唱

0516 repartee [repɑrtíː]
当意即妙な会話、うまい即答

Bill Clinton had a very good **repartee** with reporters, but Bush, especially in his early press conferences, seemed reluctant to talk.
ビル・クリントンは記者との当意即妙な会話が上手だったが、ブッシュ大統領は、特に政権当初の記者会見では、会話するのに気が進まないように見えた。
press conferences = 記者会見（決まり文句）／ reluctant to = しぶしぶ〜する、〜するのに気が進まない

類 witty reply 気の利いた応酬／**witty conversation** 気の利いた会話

0517 shibboleth [ʃíbəliθ]
原理原則、特有の慣習、（特定の組織の）用語・慣習・思考方法、スローガン

He adheres strictly to the **shibboleths** of the right wing of the Republican party.
彼は、共和党右派特有の原理原則に厳密に固執している。
adheres = 固執する／ strictly = 厳密に

☞ 通常はネガティブな意味で使われる。

究極レベル3 ⋯⋯ 名詞

0518 simile [síməli]
直喩、たとえ

Her poetry was filled with clumsy **similes** such as, "I love you like the grass loves the rain."

彼女の詩は、「芝生が雨を愛するように私はあなたを愛する」のようなぎこちない直喩に溢れていた。

was filled with = 〜で一杯で／clumsy = ぎこちない

☞ 「あの水泳選手はトビウオのようだ」というのがsimile（直喩）で、「あの水泳選手はトビウオだ」というのがmetaphor（暗喩）である。

反 **metaphor** [métəfɔ̀ːr] 暗喩

0519 subtraction [səbtrǽkʃən]
引き算

Before the school adopted a new math program, its second graders could barely perform basic addition and **subtraction**.

その学校が新しい数学プログラムを採用する前、2年生たちは基本的な足し算と引き算も満足にできなかった。

adopted = 〜を採用した／math (mathematics) = 数学／barely = ほとんど〜ない／addition = 足し算

☞ 「加減乗除」はそれぞれaddition、subtraction、multiplication、ivision。4つをまとめてfour operationsとも言う。

0520 triptych [tríptik]
三部作、3枚続きの絵画

The centerpiece of the exhibition is a **triptych** that once hung in a church in Constantinople featuring 3 scenes from the life of Jesus Christ.

同展示の目玉は、かつてコンスタンチノープルの教会に掛かっていた、イエス・キリストの生涯の3つの情景を描く三部作である。

centerpiece = 最重要作品、目玉／exhibition = 展示、展覧会／featuring = 〜の特徴を描く

DISC2 Track04 行為

0521 blandishment
[blǽndiʃmənt]

ご機嫌取り、追従

It appears my kind **blandishments** have been wasted. He decided to sign with our competitor.

私の感じのいいご機嫌取りは無駄になったようだ。彼は私たちの競争相手と契約を結ぶことにした。

been wasted = 無駄になった／competitor = 競争相手

☞ 通常、複数形。
名 blandisher [blǽndiʃər]　ゴマすり屋

0522 dereliction
[dèrəlíkʃən]

（職務の）怠慢、（義務の）放棄

The officer was brought in front of a military tribunal to defend his actions under accusations of **dereliction** of duty.

職務怠慢で起訴されたその士官は、自分の行動を弁護するため、軍事法廷に出廷させられた。

officer = 士官／military tribunal = 軍事法廷、軍法会議／defend = ～を弁護する／accusations = 起訴、非難

☞ dereliction of duty（職務怠慢）の形でよく使う。

0523 drudgery
[drʌ́dʒəri]

単調な骨折り仕事

Most people find work to be **drudgery,** and dream of the day they can retire.

ほとんどの人は、仕事は単調で骨が折れるものだと感じており、退職できる日を夢見ている。

retire = 退職する

0524 grandstanding
[grǽndstændiŋ]

スタンドプレー

I don't think the candidate has any substance. As far as I can tell, his only skill is political **grandstanding**.

あの候補者は中身が全然ないと私は思う。私が見る限り、彼の唯一の特技は政治的スタンドプレーだ。

candidate = 候補／substance = 実体、中身

☞ 日本語の「スタンドプレー」に該当する表現。standplayという英語表現はない。

究極レベル3 …… 名詞

0525 junket [dʒʌ́ŋkit]
（視察という名目の）物見遊山、大名旅行

The studio hired a helicopter to fly stars to the island for a 3-day **junket** in promotion of the film.
映画スタジオは、その映画の宣伝用に3日間の豪華旅行を用意し、スターたちをその島に運ぶためのヘリコプターを雇った。
promotion = 宣伝

☞ ちなみに、どこかの国の議員がよくやる「海外視察」もこのjunketに当たる。

0526 legerdemain [lèdʒərdəméin]
手品、ごまかし、トリック

In an act of pure **legerdemain,** he somehow united Democrats and Republicans on the issue of taxes.
まさに手品のように、彼は税金問題でともかくも民主党員と共和党員を一致させた。
somehow = ともかくも

0527 letup [létʌp]
休み、休止、停止

In what many fans say was the greatest concert of his career, he sang without **letup** for nearly four hours.
彼の芸歴の中で最高だったと多くのファンが語るそのコンサートで、彼は4時間近くも休みなしで歌った。

☞ without letup（休みなしで）の形でよく使われる。

0528 recidivism [risídəvìzm]
再犯、常習的犯行

The Texas Youth Commission reported the **recidivism** rate for drug offenders who did not participate in the rehabilitation program was 79 percent.
テキサス青少年委員会によると、麻薬違反者のうち、中毒回復プログラムに参加しなかった者の再犯率は79％だった。
drug offenders = 麻薬違反者／participate in = ～に参加する

☞ つづりは難しいが、新聞・雑誌でよく使われている用語。
名 recidivist [risídəvist] 常習犯

0529 riposte
[ripóust]

反論、報復、しっぺ返し

He is always able to defuse insults from his opponents with a witty **riposte**.

彼はいつでも、反対者からの中傷をウイットに富んだ反論で骨抜きにすることができる。

defuse = ～を無害にする／ insults = 中傷、侮辱／ opponents = 敵／ witty = ウイットのある

0530 slip-up
[slípʌp]

ちょっとした間違い、見落とし

Though she seldom makes **slip-ups**, after working a 10-hour shift, she spilled coffee on a customer.

彼女はめったなことで間違いはしないが、10時間シフトの後、お客にコーヒーをこぼしてしまった。

seldom = めったに～しない

0531 subterfuge
[sʌ́btərfjùːdʒ]

ごまかし、口実

In a war, it is better to use **subterfuge** than to let your enemy know your intentions.

戦争では、敵にこちらの意図を悟られるよりは相手の目を欺いた方が良い。

intentions = 意図

☞ 語源はラテン語のsubter（秘密に）+ fuge（逃げる）で、「ひそかに逃れる」から「ごまかし」の意味になった。

0532 vagary
[véigəri]

とっぴな行動、思いもつかない出来事

Given the **vagaries** of nature, farmers don't like to celebrate prematurely.

自然は気まぐれなので、農民は時期を早めて祝うことを嫌がる。

given = ～を考慮すれば、～なので／ prematurely = 時期尚早に

☞ 通常、複数形。

DISC2 Track05 出来事・現象

0533 abomination [əbɑ̀məné1ʃən]
嫌悪感を催す物、とても不快なこと

To lovers of Italian food the greatest **abomination** is pasta drowning in a pool of sauce.

イタリア料理愛好家にとって一番嫌なものは、ソースにドップリ浸かっているパスタである。

drowning in = ～に溺れて・どっぷり浸かって

形 abominable [əbɑ́mənəbl]　嫌悪感を催す

0534 digression [digréʃən]
本題からの逸脱・脱線

The book is filled with hilarious **digressions**, like one about the invention of the hula hoop.

本書には、フラフープの発明といった非常に面白い脱線話がたくさん出てくる。

hilarious = とても面白い、陽気な／ invention = 発明

☞ スピーチに便利な表現として、to return from the digression（では本題に戻りまして）を覚えておきたい。

0535 drumfire [drʌ́mfàiɚ]
集中砲火（的な現象）

From their position inside the house, the soldiers could hear the steady **drumfire** of rebels outside.

家の中にいる兵士たちには、外で反乱軍が間断なく集中砲火を浴びせているのが聞こえた。

steady = 間断ない／ rebels = 反乱者

0536 dustup [dʌ́stʌ̀p]
騒動、騒ぎ、けんか

In politics, it is impossible to avoid getting dragged into petty **dustups** no matter how noble your intentions.

自分の意志がいかに高潔であっても、政治においてはつまらない騒動に引っ張り込まれるのを防ぐことはできない。

dragged into = ～に引っ張り込まれる／ petty = 取るに足らぬ／ noble = 高潔な

☞ 騒動が起こると、ホコリが巻き上がることから。

出来事・現象

0537 fluke [flúːk]
まぐれ、まぐれ当たり、まったくの幸運

It was a **fluke** that I was delayed getting to the airport and missed the flight that crashed.
空港に着くのが遅れてその墜落した飛行機に乗れなかったのは、まったくのまぐれだった。
crashed = 墜落した

☞ by a fluke（まぐれで）の形でよく使われる。

0538 happenstance [hǽpənstæns]
偶然

It was mere **happenstance** that she survived the bombing of her home in London during World War II.
第2次世界大戦中、ロンドンの自宅が爆撃に遭った際に彼女が生き延びたのは、ほんの偶然だった。

☞ by happenstance（偶然により）の形でよく使われる。

0539 miasma [maiǽzmə]
悪影響

It is difficult to raise children given the current social **miasma** of immorality and selfishness.
不道徳と利己主義という現在の社会的悪影響の下で、子供を育てることは難しい。
raise = ～を育てる／ given = ～を考慮すると／ immorality = 不道徳／ selfishness = 利己主義

0540 vicissitude [visísətjùːd]
変動、変遷、栄枯盛衰

Investors must be willing to gamble their money on the **vicissitudes** of the financial markets.
投資家たちは、資金を金融市場の変動に賭ける心構えを持たなければならない。
investors = 投資家／ financial markets = 金融市場

☞ 通常、複数形。

0541 wax [wǽks]
増大、(月の)満ち

The **wax** and wane of population growth in cities cannot be predicted.

都市における人口成長の増減は予測不可能である。

be predicted = 予測される

☞ wax and wane (盛衰、増減) の形でよく使われる。
☞ 動詞も同形。
動 wax (月が)満ちる、増大する
反 wane [wéin] **名** (月の)欠け、減少 **動** (月が)欠ける

DISC2 Track06 性格・傾向・人

0542 abandon [əbǽndən]
放縦、気まま

Following a year of unprecedented growth, the company began to spend with **abandon**.

1年間に及ぶ前例のないほどの成長を遂げた後、その会社は資金を放縦に使い始めた。

unprecedented = 前例のないほどの

☞ with abandon (放縦に) の形でよく使われる。動詞も同形。
動 abandon ～を中断する・捨てる・置き去りにする・放棄する

0543 alacrity [əlǽkrəti]
機敏さ、積極性、乗り気

In the U.S., companies move with **alacrity** to reduce costs and meet lower demand.

米国では企業が、即座にコストを引き下げて需要減少に応じる。

meet = ～に応じる、～の(要求を)満たす

☞ with alacrity (機敏に) の形でよく使われる。

0544 brazenness [bréiznnis]
大胆さ、厚かましさ

"These kids steal purses in broad daylight," she said, shocked by such **brazenness**.

「この子たちは真っ昼間に人の財布を盗むのよ」と彼女はその大胆さにあきれて言った。
in broad daylight = 白昼に、真昼間に

形 brazen [bréizn]　ずうずうしい

0545 cinch [síntʃ]
朝飯前、造作ないこと

A year ago, it was a **cinch** to find an eager buyer for real estate. Today, people are much more wary.
１年前なら不動産の熱心な買い手を探すのは造作なかった。しかし今や人々はもっと慎重だ。
real estate = 不動産／ wary = 慎重な、注意深い

0546 cipher [sáifər]
①取るに足らない人・物　②暗号

① Illegal immigrants are **ciphers** in the U.S. economy, working in undesirable jobs for pay well below the minimum legal wage.
法定最低賃金よりずっと低い給料で嫌な仕事をする非合法移民は、米国経済では取るに足らない存在だ。

② She worked for British Intelligence during the war decoding **ciphers**.
彼女は戦時中、英国諜報部で仕事をし、暗号を解読していた。

illegal immigrants = 非合法移民／ undesirable = 望ましくない、嫌な／ minimum legal wage = 法定最低賃金／ intelligence = 諜報／ decoding = 〜を解読して

☞ ①の原義は「数字のゼロ記号」。そこから「取るに足らない人・物」という意味になった。
① 類 **nonentity** [nanéntəti]　取るに足らない人・物
② 類 **code** [kóud]　コード、暗号

0547 contrarian [kəntréəriən]
（世間の風潮と）反対の言動をする人、あまのじゃく

Frequently described as a **contrarian**, the priest eventually left the Catholic Church over a disagreement with the new Pope.
しばしばあまのじゃくと評されていたその司祭は、新しい教皇と意見が合わず、カトリック教会を去った。
priest = 聖職者、司祭、僧侶／ disagreement = 不一致／ Pope = ローマ教皇

☞「逆張り投資家」（ほかの投資家とは逆の行動を取る人）という証券用語でもある。
☞ 形容詞も同形。
形 contrarian　あまのじゃくの

究極レベル3 …… 名詞

0548 controversialist
[kəntrəvə́:rʃəlist]
論客、議論家

In his film, *Sicko*, the **controversialist** Michael Moore turned his focus on the U.S. healthcare system.

映画『シッコ』において、論争家のマイケル・ムーアは米国の保健医療システムにその焦点を絞った。

turned his focus on = 彼の焦点を〜に絞った／healthcare = 保健医療

形 controversial [kàntrəvə́:rʃəl]　論議を呼ぶ

0549 disputant
[dispjú:tənt]
論争者、論争家

Through mediation, **disputants** can resolve their issues privately and at less expense.

調停を通せば、論争の当事者たちは非公開かつより低額の費用で、係争点を解決できる。

mediation = 仲裁、調停／resolve = 〜を解決する

0550 distillation
[dìstəléiʃən]
蒸留物、凝縮、骨子

The new play is a **distillation** of the author's unique characters, language and themes.

その新しい劇は、著者ならではの登場人物、言葉遣い、そしてテーマを凝縮したものである。

author = 著者／language = 言い回し、文体／themes = テーマ、主題

0551 dolt
[dóult]
愚か者

There is a fundamental truth about the turmoil at Ford: it's easy to sit outside and call the insiders **dolts**.

フォード社の騒動に関し、根本的な真実が一つある。それは、社外にいて社内の人々を愚か者と呼ぶのは簡単だという点だ。

fundamental = 根本的な／turmoil = 騒動

類 dummy [dʌ́mi]　愚か者

0552 dotage
[dóutidʒ]
老境、もうろく

I took my mother in, to care for her, in her **dotage**.

私は、老境にある母の面倒を見るため、彼女を家に呼び寄せた。

took my mother in = 母を（自宅に）引き取った／care for = 〜の面倒を見る

☞ in one's dotage（老境に入って、もうろくして）の形でよく使う。
☞ 自分のことを指す場合は、皮肉って言う場合が多い。

0553 duplicity [djuːplísəti]　不誠実、二枚舌

Shakespeare's *Othello* is a tale of **duplicity** and sexual jealousy.
シェークスピアの『オセロ』は、不誠実と性的な嫉妬の物語である。

形 **duplicitous** [djuːplísətəs]　二心のある、二枚舌の
動 **dupe** [djúːp]　〜をだます
名 **dupe**　だまされやすい人

0554 exponent [ikspóunənt]　主唱者、支持者

He is the pre-eminent **exponent** of zydeco music in New Orleans.
彼は、ニューオリンズのザイデコ音楽を誰よりも熱烈に支持している。
pre-eminent = 抜群の／zydeco = ザイデコ（フランス音楽、カリブ音楽、ブルースが混合したルイジアナ州発祥の音楽）

類 **proponent** [prəpóunənt]　提案者、支持者

0555 fiend [fíːnd]　悪鬼、鬼のような人、〜狂

Hannibal Lecter is the cannibalistic **fiend** at the center of the Academy Award-winning *The Silence of the Lambs*.
ハンニバル・レクターは、アカデミー賞受賞映画『羊たちの沈黙』の主人公で、人肉を食う悪鬼である。
cannibalistic = 人肉食いの、共食いの

☞ 「鬼」のほかに、「何かに熱中する人」を指すこともある。
a soccer fiend
（サッカー狂）

究極レベル3……名詞

0556 **forebear** [fɔ́ːrbèər]
先祖、祖先

The tribe plans to build a casino on the ancestral land of its **forebears**.

その先住民族は、自分たちの先祖の土地にカジノを建設予定である。

tribe = 種族、（米国などの）先住民族／ancestral = 先祖の
※米国では、賭博が禁止されている州においても先住民族には例外的にカジノ経営が許される。

☞ 通常、複数形。
類 ancestor [ǽnsestər]　先祖、祖先

0557 **helmsman** [hélmzmən]
トップリーダー、指導者

The company has promoted Jacob Thain, who will replace former **helmsman** Samuel Jordan.

その会社は、前トップリーダー、サミュエル・ジョーダンの後任としてジェイコブ・セインを昇進させた。

has promoted = ～を昇進させた／replace = ～に取って代わる

☞ 原義は船の「かじ取り」。

0558 **ineptitude** [inéptətjùːd]
不手際、無能さ

Traffic snarls are becoming a problem because of the **ineptitude** of our city planners.

当市の都市計画担当者の不手際のせいで、交通渋滞が問題となりつつある。

traffic snarls = 交通渋滞

0559 **interlocutor** [ìntərlákjutər]
代弁者、対談者

France could become a principal **interlocutor** in the U.S.-European relationship.

フランスは、米欧関係において（欧州の）主要な代弁者となり得るだろう。

principal = 主要な

名 interlocution [ìntərlakjúːʃən]　対話

170

0560 **invertebrate** [ìnvə́ːrtəbrət]
無脊椎動物、気骨のない人

The Coney Island Aquarium exhibits fish, reptiles and **invertebrates** from all over the world.
コニーアイランド水族館は、世界中の魚類、は虫類、無脊椎動物を展示している。
reptiles = は虫類

☞ 形容詞も同形。
形 invertebrate 無脊椎動物の、気骨のない

0561 **laggard** [lǽgərd]
落後者、のろま

On the whole, the U.S. has been a **laggard** in adopting green technologies.
米国は全体的に、環境に優しい技術の採用に後れをとってきた。
on the whole = 全体的に／ adopting = 〜を採用すること／ green technologies = 環境に優しい技術

0562 **mien** [míːn]
態度、物腰

Though he is only 26, because of his prematurely gray hair and serious **mien**, he is often mistaken for 40's.
彼はまだ26歳だが、その若白髪と厳粛な物腰のためによく40代と間違われる。
prematurely = 早すぎて、時期尚早に

0563 **minion** [mínjən]
子分、お気に入り

Every time congress produces a serious gun control bill, the NRA and its **minions** appear to destroy it.
議会が厳しい銃規制法案を提出しようとするといつも、全米ライフル協会とその手下がそれをぶち壊すように思える。
congress =（米国）議会／ bill = 法案／ NRA (National Rifle Association) = 全米ライフル協会

0564 **miscreant** [mískriənt]
悪党、異端者

A policeman for five years, he had little sympathy for the criminals and other **miscreants** of the city.
警察官を5年間やった彼は、市の犯罪者とその他の悪党どもに対し、同情心はほとんど持ち合わせていなかった。
sympathy = 同情／ criminals = 犯罪者

究極レベル3 …… 名詞

0565 nitpicking [nítpìkiŋ]
ささいなことに拘泥すること

This is probably **nitpicking** but I hate his habit of stealing anecdotes and presenting them as his own.

これはおそらく「重箱の隅をつつくこと」だろうが、私は、他人の逸話を盗んでは自分のものとして話す彼の癖が嫌いだ。

anecdotes = 逸話、秘話

☞ 日本語の「重箱の隅をほじること」に相当。

動 nitpick [nítpìk]　あら探しをする

0566 nonentity [nɑnéntəti]
どうでもよい人、取るに足らぬ人

Until his inspiring keynote speech at the 2004 Democratic National Convention, Senator Obama was a **nonentity** in the party.

2004年の民主党全国大会で人々を鼓舞させる基調演説を行うまで、オバマ上院議員は党内では取るに足らぬ人物だった。

inspiring = ～を鼓舞させる・感激させる／ keynote = 基調、基本方針／
Democratic National Convention = 民主党全国大会

0567 pizzazz [pəzǽz]
活気、元気、派手さ

The new musical has little of the **pizzazz** and excitement we have come to expect from Sondheim.

その新作ミュージカルは、私たちがソンドハイムに期待するようになった活気と興奮をほとんど持ち合わせていない。

※ソンドハイムは、米国の作詞・作曲家のStephen Sondheimのこと。

☞ 故小渕首相が一人の外国人記者から「冷めたピザ」と呼ばれたことは有名。実は、pizzaに似た単語のpizzazzを伴った言葉の遊び the pizzazz of a cold pizza（冷めたピザのような活気）だったが、日本人はpizzazzの意味が分からなかったので、「冷めたピザ」だけが一人歩きした。

0568 prig [príg]
気取り屋、偉ぶる人

In college he was a bit of a **prig** and lost many friends. His mates grew tired of being scolded by someone their own age.

大学時代、彼は偉ぶっていたので多くの友人を失った。彼の仲間は同い年の彼にしかられるのに嫌気が差したからだ。

mates = 仲間、友人／ grew tired of = ～が嫌になった

0569 pushover [púʃòuvər]
弱虫、御しやすい相手

He has always been a **pushover**. As a teenager, he never rebelled against his parents, and now his wife rules over him.

彼はこれまでずっと弱虫だった。十代のころは両親に決して反抗せず、今では奥さんに牛耳られている。

rebelled against = 〜に対して反抗した／rules over = 〜を支配する

0570 raconteur [rækɑntə́ːr]
話し上手

In addition to being a great filmmaker, Orson Welles was a brilliant **raconteur** who never missed an opportunity to tell a story.

オーソン・ウェルズは、偉大な映画監督であることに加え、物語を語る機会を逸することの決してない素晴らしい話し手だった。

in addition to = 〜に追加して／brilliant = 素晴らしい／opportunity = 機会

0571 revenant [révənənt]
黄泉の国から戻った人、亡霊、長旅から帰ってきた人

The American invasion of Iraq was a return to imperialism. Napoleon lived again as a **revenant** in the Bush administration.

米国のイラク侵略は帝国主義への逆行だった。ブッシュ政権下、ナポレオンが亡霊としてよみがえったのだ。

invasion = 侵略／imperialism = 帝国主義

※欧州大陸全体に侵略戦争を挑んだフランス皇帝ナポレオンは、近代帝国主義者の発端とされる。

0572 shill [ʃíl]
代弁者、サクラ

Shills for the oil industry insist that a move to renewable energy will destroy our economy.

石油産業の代弁者たちは、再生可能エネルギーへの転換は現代の経済を破壊すると主張する。

renewable = 再生可能な

☞ 動詞も同形。
動 shill サクラになる、宣伝する

0573 shilly-shally [ʃíliʃæ̀li]
優柔不断、ぐずぐずすること

It is no wonder nothing has been done to protect the environment. It is just more evidence of Congress' **shilly-shally** over complex issues.

環境保護のために何の手も打たれていないことに不思議はない。それは、複雑な問題に関して議会が優柔不断であることを改めて証明するものだ。

evidence = 証拠／Congress =（米国）議会

☞ 動詞も同形。
動 shilly-shally　ぐずぐずする

0574 shoo-in [ʃúːin]
楽勝の予想される候補や競走馬

Before being named in the report on steroid abuse, Clemens was seen as a **shoo-in** for baseball's Hall of Fame.

ステロイド使用に関する報告書にその名が挙がるまで、クレメンスは野球の殿堂入りが確実と見られていた。

abuse = 悪用／Hall of Fame = 殿堂

※クレメンスは、ヤンキース投手の Roger Clemens のこと。ここで言う「報告書」は、メジャーリーグでの違法薬物使用に関する調査報告書。ジャイアンツのバリー・ボンズやクレメンスが、ステロイド使用について名指しされた。

☞ 米語表現。

0575 solipsism [sάlipsìzm]
自己中心主義、唯我論

Americans have always been accused of **solipsism** but this president takes it to a new extreme by refusing even to read about other countries.

米国人はこれまでいつも、自己中心主義と非難されてきたが、この大統領は他国に関する読み物を読むことさえ拒否して、それをさらに極端なものにした。

been accused of = 〜と非難されて／extreme = 極端

☞ 「この世に存在するのは自我のみ」という意味の哲学用語だが、日常的には「自己中心主義」の同義語として使われる。

性格・傾向・人～場所・位置・形

0576 toady [tóudi]
ごますり、おべっか使い

North Korea accused South Korea's Lee Myung-bak of being a **toady** of the U.S.
北朝鮮は、韓国の李明博を米国へのおべっか使いと非難した。
※明博は17代韓国大統領（2008年 - ）。

☞ 動詞も同形。
動 toady　ゴマをする (toady to [～にゴマをする] の形でよく使われる)

0577 verbiage [vớːrbiidʒ]
冗舌、多弁、冗長、

Despite his fondness for **verbiage**, he has been mostly silent since the death of his daughter.
彼は冗舌を好むにもかかわらず、自分の娘が亡くなって以降、ほぼ沈黙を守っている。

DISC2 Track07 場所・位置・形

0578 adumbration [ædʌmbréiʃən]
ぼんやりとした輪郭

In the early morning fog, he could only be seen in **adumbration**.
早朝の霧の中、彼の姿はぼんやりとした輪郭にしか見えなかった。

0579 apotheosis [əpàθióusis]
極致、頂点、神格化

Many still feel that Miles Davis attained his **apotheosis** with the revolutionary album *Kind of Blue*.
マイルス・デイビスはその革命的なアルバム『カインド・オブ・ブルー』で彼自身の頂点に達した、と感じる人は今でも多い。
attained = ～を達成した ／ revolutionary = 革命的
※マイルス・デイビスは、米国のジャズ・トランペッター。

究極レベル3 …… 名詞

0580 flipside [flípsàid]
物事の裏面

His notoriously quick temper was the **flipside** of his passionate nature.

彼の悪名高い短気さは、その情熱的な気性の裏面だった。

notoriously = 悪名高く／quick temper = 短気／passionate = 情熱的

☞ 原義は「レコードのB面」。
☞ on the flipside（その裏面として）の形でよく使われる。

0581 lodestar [lóudstà:r]
目標、指針

When he was starting out, Bob Dylan regarded Woody Guthrie as his **lodestar**.

ボブ・ディランがキャリアをスタートさせた当時、彼はウッディ・ガスリーを自分の目標と見なした。

was starting out = 始動していた、乗り出していた
※ボブ・ディラン、ウッディ・ガスリーは米国のフォーク歌手・ソングライター。

☞ 原義は「北極星」。

0582 obverse [ábvə:rs]
（コインや貨幣の）表側

Since 1959, the U.S. penny coin has featured Abraham Lincoln on the **obverse** side and the Lincoln Memorial on its reverse.

1959年以降、米国のペニー銅貨は表側にリンカーンの肖像を、裏側にリンカーン記念碑を刻してきた。

penny coin = ペニー銅貨、1セント銅貨／Lincoln Memorial = リンカーン記念碑

反 **reverse** [rivə́:rs] 裏側

0583 parallelogram [pæ̀rəlélɔgræ̀m]
平行四辺形

The artist's most recent piece is comprised of basic geometric shapes: two squares, a **parallelogram**, and a triangle.

その芸術家の最新作は、四角形二つ、平行四辺形一つ、三角形一つという簡単な幾何学図形でできている。

is comprised of = ～から成っている／geometric = 幾何学の

場所・位置・形

0584 quadrangle [kwάdræ̀ŋgl]
（大学などの）四方を建物に囲まれた中庭、またはそれら建物、四角形

A new **quadrangle** at St John's College, Oxford will feature a library, café, common spaces and classrooms.
オックスフォード大学セント・ジョンズ・カレッジの新しいキャンパスの中庭は、図書館、カフェ、共同スペース、教室から成る予定だ。
common spaces = 共同スペース

0585 redoubt [ridáut]
要塞、とりで

Colonial officers built their primary **redoubt** on Breed's Hill and, though they held off two British attacks, eventually the fortification was breached.
植民地軍はブリーズ・ヒルに第一の要塞を築き、英軍の二度の攻撃に耐えたが、結局、同要塞は破られた。
colonial = 植民地の／ held off = 〜を持ちこたえた／ fortification = 要塞／ was breached = 破られた

0586 seclusion [siklú:ʒən]
隔離、隠居、閑居

After the success of *The Catcher in the Rye*, J.D. Salinger went into **seclusion,** refusing interviews and photographs.
『ライ麦畑でつかまえて』の成功以降、J. D. サリンジャーは隠遁生活に入り、インタビューや写真撮影を断り続けた。
went into = 〜状態に入った

☞ 日本の鎖国を説明する時にもよく使われる。

0587 skid row [skíd róu]
ドヤ街、スラム街

America's original **skid row** was The Bowery, which today is home to expensive bars and nightclubs.
アメリカの最初のドヤ街はバワリーだが、そこは今日、高価なバーやナイトクラブが軒を連ねている。
home to = 〜の本拠
※バワリーはマンハッタン中華街近くの区域。昔は売春婦と麻薬密売人がたむろする街だった。

0588 wellspring [wélspriŋ]
（物事の）源泉、水源

I believe Kansas City could be the next **wellspring** of rock 'n' roll.
カンザスシティがロックン・ロールの次の水源だと言える、と私は思っています。

究極レベル3……名詞

DISC2 Track08 体・病気・薬

0589 arteriosclerosis [ɑːrtiəriousklíəróusis]
動脈硬化

Obesity, smoking, high blood pressure, stress or genetics can cause **arteriosclerosis**.
肥満、喫煙、高血圧、ストレスもしくは遺伝によって、動脈硬化は起こり得る。
obesity = 肥満／ high blood pressure = 高血圧／ genetics = 遺伝

☞ 語源はギリシア語のarterio（動脈の）＋sclerosis（硬化）。語尾の-osisは「変化」、やはり語尾の-itisは「炎症」を意味し、ともにcirrhosis（肝硬変）、arthritis（関節炎）など、病名を示すことが多い。

0590 delirium [dilíəriəm]
一時的な精神錯乱、異常な興奮、うわ言

After being lost for 10 days, the hiker succumbed to fatigue and **delirium** and dove off a cliff into the shallow river below.
10日間も道に迷った後、そのハイカーは疲労と精神錯乱に陥り、下を流れる浅い川にがけから飛び降りた。
succumbed to = ～に負けた／ fatigue = ひどい疲れ／ dove off = ～から飛び降りた／ shallow = 浅い

形 **delirious** [dilíəriəs]　錯乱した、狂乱的な

0591 etiology [ìːtiálədʒi]
病因、原因論

The exact **etiology** of the strange new disease is not yet known.
その奇妙な新病の正確な原因はいまだ不明だ。

☞ 米国ではetiology、英国ではaetiologyとつづる。本来は医学用語だが、一般に「原因論」としても使われる。

0592 metastasis [mətǽstəsis]
がんの（他の部位への）転移

Metastasis has begun. One can see the cancer spreading across the patient's body.
転移が始まった。がんが病人の全身に広がっているのが見て取れる。

動 **metastasize** [mətǽstəsàiz]　転移する
形 **metastatic** [mətǽstətik]　転移性の

0593 midriff [mídrif]
胴体中央部（胸と腰の間）、へその部分

She hates her new school for its strict dress code. Skirts must hang below the knees and **midriffs** must be covered.

彼女は、服装規定が厳しいので新しい学校が嫌いだ。スカートは膝下、おなかの部分までおおわれていなければならない。

dress code = 服装規定

0594 neurosis [njuəróusis]
神経症、ノイローゼ

For the Freudians, a deep understanding of childhood experience is essential to curing **neurosis**.

フロイト派にとって、子供時代の体験を深く理解することが神経症の治療に決定的に重要である。

Freudians = フロイト派の学徒／ essential = 重大な、決定的に重要な

形 neurotic [njuərátik]　神経症の

0595 prophylactic [pròufəlǽktik]
予防薬、（コンドームなどの）避妊用具

The vaccine is a **prophylactic** to prevent infection.

そのワクチンは、感染を防ぐ予防薬である。

vaccine = ワクチン／ infection = 感染

☞ 米国では、婉曲的に「コンドーム」の意味で使われることが多い。

> なじみのない単語がズラッと出てますが、どれも実際に使われているものばかり。ガンバッテ！

究極レベル3……名詞

DISC2 Track09 感情・感覚

0596 acrimony [ǽkrəmòuni]
（言葉や議論の）厳しさ、辛辣さ、とげとげしさ

There is still **acrimony** on both sides over the bitter elections last year.
昨年の敵意に満ちた選挙に関して、両者の間にはまだ、とげとげしさが残っている。
bitter = 敵意に満ちた、痛恨の

形 **acrimonious** [ækrəmóuniəs]　きつい、辛辣な

0597 chimera [kimíərə]
妄想、キメラ、非現実的な考え

Even if everyone changed their behavior immediately, it seems that the possibility of solving our environmental problems is something of a **chimera**.
たとえ今すぐ、皆が行動を変えたとしても、現代の環境問題を解決する可能性は妄想に近い。
immediately = 即座に／environmental = 環境の／something of = ～のようなもの

類 **wild fancy**　とりとめのない空想

0598 foreboding [fɔːrbóudiŋ]
不吉な予感、虫の知らせ

I cannot shake this feeling of **foreboding** that we are due for another major terrorist attack.
私たちが今一度、大きなテロ攻撃にさらされる時期にきているという不吉な感情を私は振り払うことができない。
shake = ～を振り切る／due for = ～する時期にきている

☞ 形容詞も同形。
形 **foreboding**　不吉な

0599 guffaw [gʌfɔ́ː]
（突然の）高笑い、（下品な）ばか笑い

He always delivered his bawdy jokes, with a hearty **guffaw**.
彼はエッチな冗談を言う時、いつも思い切り笑った。
bawdy = わいせつな／hearty = 腹の底からの

☞ give/deliver a loud guffaw（大声でばか笑いをする）の形でよく使われる。

0600 gumption [gʌ́mpʃən]
勇気、ガッツ、機転

Investors with the **gumption** and means to buy now will be rewarded with a strong return on the investment in a matter of years.

今、買う勇気と手段のある投資家たちは、数年のうちに、投資に対して充実した収益を得られそうだ。

investors = 投資家／ means = 手段／ return = 収益／ investment = 投資

☞ 日本語の「ガッツ」に相当する。

類 gut [gʌ́t] 根性、ガッツ（通常、複数形）

0601 lassitude [lǽsətjùːd]
やる気のなさ、気乗り薄

His habit was to stay up for days, working around the clock on a new problem and then fall into days of **lassitude**.

彼は一日中、新しい問題に取り組んで何日も寝ない日を送った後、倦怠の日々を過ごすということを習慣としていた。

stay up = 寝ずに過ごす／ around the clock = 一日中

0602 paroxysm [pǽrəksìzm]
感情の爆発、発作、けいれん

The U.S. has been seized by **paroxysms** of anti-immigrant fervor similar to those of the 1980's.

米国は、1980年代と同様の反移民感情の爆発に見舞われている。

been seized by = ～に見舞われて、～に襲われて／ anti-immigrant = 移民排斥／ fervor = 熱烈さ、炎熱

0603 predilection [prèdəlékʃən]
好み、偏向、偏愛

I don't understand the **predilection** of Americans for too sweet, artificially flavored and colored desserts.

米国人がなぜ、人工的な味と色のついた甘過ぎるデザートを好むのか、私は理解できない。

artificially = 人工的に

究極レベル3 [名詞]

DISC2 Track10 自然・植物

0604 peal [píːl]
① 雷鳴
② (笑い声などの) どよめき・とどろき

① We were awakened by a **peal** of thunder.
われわれは雷鳴によって目を覚ました。

② The quiet murmur was interrupted by **peals** of laughter when the clown entered without any pants.
会場のかすかなざわめきは、そのピエロがズボンなしで登場して起きた笑いのどよめきで中断された。

were awakened = 目を覚まされた／ murmur = 人々のざわめき／ was interrupted by = 〜で中断された／ clown = ピエロ

0605 rivulet [rívjulit]
細い液体の筋、小川

The water collects in little **rivulets** throughout the hills and runs down to the river below.
丘陵一帯にある小川に集まった水はふもとの川に向かって流れ下る。

collects = 集まる

☞ streamやbrookよりも細い流れ。

0606 taproot [tǽpruːt]
(植物の) 主根、成長の主要因

The tree's **taproot** extended at least 15 feet below the soil.
その木の主根は、地面から地中に少なくとも15フィートは伸びていた。

extended = 伸びた／ soil = 表土、うわつち

DISC2 Track11 物・道具

0607 dustbin [dʌ́stbìn]
くず箱、くずかご、チリかご

Straddled between World War II and Vietnam, the Korean War has long been known as The Forgotten War, consigned to the **dustbin** of history.

第2次世界大戦とベトナム戦争の間に位置する朝鮮戦争は長い間、「忘れられた戦争」として知られ、歴史のごみ箱に追いやられてきた。

straddled between = 〜の間に位置して／consigned to = 〜に追いやられる

☞ be consigned to the dustbin of history（歴史のごみ箱に追いやられて）は決まり文句。

0608 flophouse [flɑ́phàus]
簡易宿泊所

He rejected his wealthy upbringing and spent the last six years of his life in a **flophouse**.

彼は自分の裕福な育ちを拒絶し、生涯の最後の6年間を簡易宿泊所で過ごした。

wealthy = 裕福な／upbringing = 育ち

0609 prop [prɑ́p]
（映画や芝居の）小道具

Indiana Jones's whip is one of the most famous movie **props** in film history.

インディ・ジョーンズの使うむちは、映画史における最も有名な小道具の一つである。

whip = むち

※「インディ・ジョーンズ」はハリソン・フォード主演の冒険アクション映画。例文のむちは、主人公が武器として使っている。

☞ propはpropertyの省略形。

0610 rostrum [rástrəm]
演壇、指揮台

He stood nervously at the **rostrum** and, after a brief moment to compose himself, launched into a three-hour lecture.

彼は神経質そうに演壇に立ち、しばしの間、心を落ち着かせた後、3時間に及ぶ講演を開始した。

nervously = 神経質そうに／compose himself = 心を落ち着かせる／launched into = 〜を開始した、〜に乗り出した

類 podium [póudiəm] 演壇、指揮台

0611 truncheon [trʌ́ntʃən]
(巡査の) 警棒

The rioters were pushed back, beaten by police **truncheons**.

暴徒たちは警棒で打たれ、後退させられた。

rioters = 暴徒

次はレベル3の名詞です。
「究極」も残り30％になりました。
Be proud of yourself!

Mr. 向江の英語ライフ
Break Time Column
from N.Y. 5

ブラウンバッグ・レクチャー

米国の大学や研究所ではbrown-bag lectureが盛んです。サンドイッチなどの軽食を茶色の紙袋に入れて持参し、それを食べながら聞く気楽な講演会のことです。組織内外の教授が講師を務め、誰でも参加できます。コロンビア大でも盛んで、毎日、学内で恐らく10件以上はあったはずです。私も国際・公共問題研究所のそれによく出掛けました。その中で記憶に残ることがあります。

講演会の常連で初老の白人男性がいました。ヨレヨレのスーツを着た彼の行動は、いつもワンパターン。席に着くと紙袋からバナナを取り出し、会場の無料コーヒーと一緒に食べ始め、やおら新聞を読み始めます。そう、講師が話している最中にです。質疑応答の時間がきます。すると彼は必ず質問をします。しかしその質問ときたら、講演の弱点を鋭く突くものばかりです。つまり彼は、新聞を読みながら講演を注意深く聞くことが同時にできるのです。いったい何者だろうと思っていましたが、ある日、新聞を読んでアッと驚きました。彼の顔写真がコロンビア大学経済学部名誉教授という肩書きとともに載っており、今回、ノーベル経済学賞を受賞（！）という内容でした。ニューヨークではこういうことがよく起きます。

究極レベル3 …… 形容詞&副詞

DISC2 Track12 形状・性質・外見・状態

0612 cherubic [tʃərúːbik]
① (子供が、または子供のように) ふくよかで可愛い　② (特に子供が) 無邪気な

① It is astonishing to learn that he is a violent criminal and ex-convict given his **cherubic** face.

子供のような顔をした彼が、暴力的な犯罪者で元服役囚だなんて驚きだ。

astonishing = 驚くべき／criminal = 犯罪者／ex-convict = 元服役囚／given = ～を考慮すると

名 cherub [tʃérəb]　ケルビム (知識を司る天使。翼の生えた丸々とした子供として絵画などに登場する)

0613 craggy [krǽgi]
①岩の多い
② (顔が) ごつごつした、いかつい

② Keith Richards' **craggy** appearance is evidence of his years of drugs and hard living.

キース・リチャーズのごつごつとした顔つきは、長年の麻薬使用と苛烈な生活を物語っている。

appearance = 顔つき／evidence = 証拠
※キース・リチャーズは、英国のロックバンド、ローリングストーンズのギター奏者。

0614 crystalline [krístəlin]
水晶のような、透明な、(文章などが) 明晰な

There is nothing like soothing yourself in the **crystalline** waters of the Mediterranean.

水晶のように透明な地中海の水の中で体をリラックスさせることほど、素晴らしいものはない。

soothing yourself = 自らをリラックスさせる (動詞は soothe)／waters = 海水 (通常、複数形)／the Mediterranean = 地中海

0615 deleterious [dèlitíəriəs]
有害な

The **deleterious** effects of fried foods can be reduced by proper cooking methods.

揚げ物の有害な影響は、適切な調理法によって、減らすことができる。

effects = 影響／proper = 適切な／methods = 方法

類 harmful [háːrmfəl]　有害な

形状・性質・外見・状態

0616 **flaccid** [flǽsid]
(物事や精神が) 軟弱な、(筋肉が) 弛緩した、ダレている

The **flaccid** economy and the high price of oil are the two primary issues on the minds of voters.
軟弱な経済と石油の高値が、有権者の頭にある二つの主要問題である。
primary = 主要な

☞ 筋肉でも精神でも経済でも、元気がなく、ダレている状態を指す。

0617 **grungy** [grʌ́ndʒi]
汚れた、不快な、ひどい、不潔な

If your curtains are **grungy**, take them down and wash them.
カーテンが汚れていたら、取り外して洗いなさい。

類 **dirty** [də́ːrti] 汚れた

0618 **helter-skelter** [héltərskéltər]
混沌とした、慌てふためいた

Ever since the election of the new governor, the state's affairs have been run in a **helter-skelter** manner.
新知事が選ばれてからというもの、同州の諸事は混乱状態のうちに運営されている。
ever since = 〜以来／governor = 知事／affairs = 事態、事情／been run = 運営されている

☞ "Helter Skelter" はビートルズの有名曲の一つでもある。この語には「滑り台」の意味もあるが、歌詞には両方の意味が込められている。
☞ 副詞も名詞も同形。
helter-skelter 副 混沌として、慌てふためいて　名 混乱、狼狽、滑り台

0619 **insipid** [insípid]
(料理などが) 風味がない、(作品などが) 活気のない・面白くない

The resturaunt's signature dish is a pan roasted filet mignon, which I found to be **insipid** rather than bold.
同店の看板料理は平鍋でローストしたフィレミニョンだが、私が食べたところその味は大胆であるというよりも風味がなかった。
signature dish = 看板料理／pan roasted = 鍋で焼いた／filet mignon = フィレミニョン（ステーキ用の牛ヒレ肉）／bold = 大胆な、はっきりした

0620 jerry-built [dʒéribìlt]
（構造物が）安普請の、（計画などが）ずさんな

The row of **jerry-built** structures was erected within days of the hurricane to house the homeless.

ハリケーンの後、数日のうちに、家を失った人々のための安普請の建物が横並びに一列建てられた。

row = 列／ structures = 構造物／ was erected = 建てられた／ house =（人を）収容する・泊める／ the homeless = 家のない人々

類 shoddy [ʃádi] 粗末な、安物の

0621 malodorous [mæ̀lóudərəs]
①悪臭を発する、腐敗した
②けしからん、言語道断な

① Housing prices near the oil refinery are cheap and good value if you can stand the **malodorous** smoke.

その悪臭を放つ煙に我慢できれば、石油精製所付近の住宅価格は安く、お買い得だ。

oil refinery = 石油精製所／ good value = 買い得品／ stand = 〜に我慢する

0622 pasty [péisti]
（顔色が）青白い

Since his divorce he has become **pasty** and emaciated causing neighbors to suspect alcohol abuse.

彼は離婚してから、顔色が悪くなりやせ細ったので、隣人たちは彼がアルコール中毒ではないかと疑っている。

divorce = 離婚／ emaciated = やつれた、やせ細った／ suspect = 〜ではないかと疑う／ alcohol abuse = アルコール中毒

0623 pixelated [píksəlèitid]
（映像が）ボケた

Until the quality of video improves on the Web, it is unlikely people will pay top dollar to view discolored and **pixelated** films.

オンラインビデオの質が向上するまで、人々が、（ウェブ上の）色あせてボケた映画を見るのに高額のお金を払うとは思えない。

it is unlikely = 〜はありそうにない／ top dollar = 高額／ discolored = 色あせた

形状・性質・外見・状態

0624 puny [pjúːni]
ちっぽけな、取るに足らない

The restaurant is cheap and the service is good, but they serve a rather **puny** steak.
そのレストランは安価でサービスが良いが、ずいぶんちっぽけなステーキを出す。

0625 recumbent [rikʌ́mbənt]
①横になった、怠惰な ②固定された

① He was known for his portraits of naked **recumbent** women in dirty rooms.
彼は、薄汚い部屋に横たわる裸婦像で知られていた。
was known for = 〜で知られた／ portraits = 肖像画

☞ ②の意味ではrecumbent bicycle（[運動用の]固定式自転車）という表現がよく出てくる。

0626 senescent [sənésnt]
老境の、老化を示す

The popular rock group has never stopped touring, playing to arenas comprised both of new young fans as well as **senescent** devotees.
その人気ロックグループはこれまでやむことなくツアーを敢行し、新規の若いファンと年老いた熱烈なファンの双方が集まる会場で演奏してきた。
playing to = 〜に向けて演奏する／ arenas = 会場／ comprised of = 〜から成った／〜 as well as ... =…と同じく〜も／ devotees = 熱烈なファン、信者

0627 shopworn [ʃɑ́pwɔ̀ːrn]
（表現などが）使い古しの、（商品が）古びた

The governor will have no problem overcoming **shopworn** criticism about his 20-year-old love affair.
知事は、20年前の自分の情事に関する陳腐な批判を難なく乗り越えるだろう。
overcoming = 克服して／ criticism = 批判／ love affair = 情事、恋愛

0628 simian [símiən]
サル顔をした

The cartoonist is known for his decidedly **simian** caricatures of George W. Bush.
その漫画家は、ジョージ・W・ブッシュのサルそのもののような戯画で知られている。
decidedly = 紛れもなく／caricatures = 戯画、漫画

☞ 名詞も同形。
名 simian 類人猿

0629 smutty [smʌ́ti]
わいせつな、みだらな

The networks usually wait until after 9 p.m. to air programs considered too **smutty** for prime-time.
通常、キー局系列の放送では、ゴールデンタイムにはわいせつ過ぎると見なされる番組は午後9時まで流さない。
networks = 放送網、ネットワーク、キー局／air = ～を放送する／prime-time = 視聴率の最も高い時間帯、ゴールデンタイム（英語では、golden time という表現はない）

0630 succinct [səksíŋkt]
（表現が）簡潔な、要を得た

The book offers a short and **succinct** account of the last four years of George Washington's life.
その本には、ジョージ・ワシントンの生涯の最後の4年間に関する、短くて要を得た記述が載っている。
account = 記述、説明

0631 tawdry [tɔ́:dri]
（服装や物事が）派手で安っぽい、ケバケバしい

The professor lost his position when the **tawdry** details of his night life emerged.
その教授は、夜の生活の派手な細部が明るみになり、失職した。
details = 細部／emerged = 現れた、明るみに出た

形状・性質・外見・状態〜感情・感覚

| 0632 | **verdant** [vɚ́ːrdnt] | 緑豊かな、新緑の |

New Yorkers love to visit Vermont for its quaint villages and **verdant** scenery.
ニューヨークの住人たちは、古風できれいな村や緑豊かな景色ゆえに、バーモント州を訪れるのが好きだ。
quaint = 古めかしくてきれいな／scenery = 景色

☞ 語源はラテン語の verd（緑の）+ dant（〜の性質を持つ）。

DISC2 Track13 感情・感覚

| 0633 | **abhorrent** [æbhɔ́ːrənt] | （行為などが）憎悪感を生じさせる、忌まわしい |

China's hosting of the Olympics provides an opportunity for activists to speak out on what they believe are the **abhorrent** policies of the Chinese government.
中国のオリンピック開催は活動家たちに、彼らが忌まわしいと信じている中国政府の諸政策について意見表明する機会を与えている。
provides = 〜を与える／opportunity = 機会／speak out = はっきり言う

☞ A［物］is abhorrent to B［人］（AがBにとって忌まわしい）の形でよく使う。
類 abominable [əbɑ́mənəbl]／**detestable** [ditéstəbl] 忌まわしい、実に不快な

| 0634 | **ballistic** [bəlístik] | 激怒した、頭にきた |

Though he is usually very calm and polite, I've seen him go **ballistic** in a traffic jam.
普段、彼はとても物静かで礼儀正しいが、交通渋滞に引っ掛かってかんしゃくを起こしているのを見たことがある。
traffic jam = 交通渋滞

☞ go ballistic（激怒する、かっとなる）の形でよく使われる。

191

究極レベル3 —— 形容詞&副詞

0635 befuddled [bifʌ́dld]
混乱した、まごついた

Voters said that they were **befuddled** by the complicated ballots.
投票者たちは、複雑な投票用紙にまごついたと述べた。
complicated = 複雑な／ballots = 投票用紙

類 **puzzled** [pʌ́zld] 困惑した、混乱した

0636 convivial [kənvíviəl]
①（物や場所が）親しみやすい、居心地の良い ②（人が）陽気な、親しみのある

① The restaurant's red walls and dim lighting create a funky but **convivial** atmosphere.
そのレストランの赤い壁とほの暗い照明は、型にはまらないが居心地の良い雰囲気を醸し出している。
dim = ほの暗い、薄暗い／funky = 現代風の、型破りの

① 類 **enjoyable** [indʒɔ́iəbl] 楽しい、愉快な
② 類 **jovial** [dʒóuviəl] 陽気な、楽しい／**friendly** [fréndli] 親切な、優しい

0637 halcyon [hǽlsiən]
幸福な（過去の時代の）、穏やかな

In the **halcyon** days of our childhood, we never worried about the dangers lurking around the corner.
子供時代の幸福な日々には、私たちは、間近に潜むさまざまな危険のことをまったく心配していなかった。
lurking = 潜んでいる／around the corner = 角を曲がったところに、間近に

☞ 風神アイオロスの娘ハルキュオネ（Halcyone）が、夫の死を悲しみ身投げしたが、神が哀れんで夫と共に鳥（ハルキュオン）の姿に変えた。ハルキュオンが海上の浮巣で卵を抱く冬至の前後には、アイオロスは海上の風波を静めたとされるギリシア神話からこの意味が派生した。

0638 irksome [ə́ːrksəm]
うんざりする、面倒な

Traffic congestion is one of the most **irksome** issues confronting our city.
交通渋滞は、私たちの街が直面する最も面倒な問題の一つだ。
traffic congestion = 交通渋滞

類 **irritating** [írətèitiŋ] 腹立たしい、いまいましい

感情・感覚〜態度・姿勢

0639 stolid
[stάlid]
無感動の、鈍感な、無神経な

She has a **stolid** personality. I have never heard her laugh.
彼女は感動しない性格である。彼女が笑うのを私は聞いたことがない。

DISC2 Track14 態度・姿勢

0640 accusatory
[əkjúːzətɔ̀ːri]
(言葉や態度が)非難めいた、告発的な

The activist pointed an **accusatory** finger at government officials, who he says, awarded themselves tax money intended for the poor.
その活動家は、貧困層用の税収を着服したとして政府職員たちを非難した。
pointed a finger at = 〜を指差した／ tax money = 税金収入／ intended for = 〜用の

動 accuse [əkjúːz] (人に〜の)罪を帰する、(人を〜のかどで)告発する
名 accusation [æ̀kjuzéiʃən] 非難、告訴

0641 amenable
[əmíːnəbl]
①敏感に反応する
②(忠告などを)従順に受け入れる

② I am **amenable** to making some sacrifices for the environment, but I cannot live without my SUV.
私は環境保護のために、いささかの犠牲を払うことはいとわない。しかし SUV なしでは生活できない。
sacrifices = 犠牲／ SUV (Sport Utility Vehicle) = スポーツ用多目的車

☞ be amenable to (〜を受け入れる)の形でよく使う。

0642 atavistic
[æ̀təvístik]
先祖返り的な、原初的な、隔世遺伝的な

Though I was born and raised in Manhattan, I've always felt an **atavistic** urge to move to Italy where my grandparents were born.
私はマンハッタンで生まれ育ったが、自分の祖父母が生まれたイタリアに移り住みたいという先祖返り的な欲求を常に抱いてきた。
urge to = 〜したい欲求

0643 berserk [bərzə́ːrk]
狂暴な、たけり狂った

A woman went **berserk** at a Lower East Side ice cream shop, stabbing the cashier eight times for failing to give her the exact change.
（マンハッタンの）ロウアーイーストサイドのアイスクリーム屋で、正しいつり銭をもらえなかったことに怒り狂った女性客が、レジ係を8回も刺した。
Lower East Side = ロウアーイーストサイド（マンハッタンの南端の東半分）／ stabbing = 刺して／ cashier = レジ係

☞ 北欧伝説の戦士ベルセルクに由来するとの説もある。
☞ 人だけでなく、機械にも使う。
☞ go berserk（狂暴になる）の形でよく使う。
My computer went berserk.
（私のコンピューターがメチャメチャに動いた）

0644 cantankerous [kæntǽŋkərəs]
① (人が) けんか腰の、怒りっぽい
② (動物が) 扱いにくい、御しにくい

① He has grown **cantankerous** in his old age.
年を取るにつれて彼は怒りっぽくなった。

② Speedy was a **cantankerous** old mule that refused to pull the cart.
スピーディは、荷車を引くのを拒否する、御しにくい老いたラバだった。
mule = ラバ（雄ロバと雌馬との雑種）

0645 cocksure [kákʃúər]
確信に満ちた、うぬぼれた

His **cocksure** attitude won him many supporters, but eventually they realized that he didn't know what he was talking about.
彼はその確信に満ちた態度で多くの支持者を得たが、最終的に支持者たちは、彼が何をしゃべっているか自分でも分かっていないことに気づいた。
attitude = 態度／ eventually = 最終的に、結局

0646 contrite [kəntráit]
悔い改めた

Following the exposure of his relationship with a prostitute, he gave a very **contrite** interview to the *New York Times*.
売春婦との関係を暴露された後、彼は『ニューヨークタイムズ』紙のインタビューに応じて、極めて悔い改めていると述べた。
exposure = 暴露／ prostitute = 売春婦

態度・姿勢

| 0647 | **crotchety** [krɑ́tʃəti] | 気難しい、頑固な、怒りっぽい |

I think old people become **crotchety** because they understand they will not live forever.
年寄りが気難しくなるのは、永遠には生きられないことを理解するからだと私は思う。

| 0648 | **dastardly** [dǽstərdli] | ひきょうな、卑劣な |

Police still don't know which terrorist group is responsible for this **dastardly** murder.
このひきょうな殺人を行ったのがどのテロ集団なのか、警察には依然として分からない。
is responsible for = ～に責任を持つ、～の責めを負うべき／murder = 殺人

☞ 副詞も同形。
副 dastardly ひきょうにも

| 0649 | **didactic** [daidǽktik] | 教訓的な、説教的な |

A child's mind can adapt to learn from everything, even video games that have no **didactic** purpose.
子供の頭には順応性があり、どんなものからでも学ぶことができる。教訓的な意図のまったくないテレビゲームからでもそうだ。
adapt to = ～に適応する

| 0650 | **disputatious** [dìspjutéiʃəs] | ① (人が) 論争好きな
② (物が) 論争の的となる |

① He was always arguing with his **disputatious** wife.
彼は、議論好きな奥さんといつも言い争っていた。
was arguing with = ～と言い争っていた・議論していた

名 動 dispute [dispjúːt] 論争 (する)

0651 facetious [fəsíːʃəs]
ふざけた、おどけた

When I say I've been a gymnast since I could walk, I am being **facetious**, of course, but I did start training at a very early age.

「私は歩き始めたころから体操選手だった」と言うのは、もちろんおふざけですが、実際、とても幼いころから訓練を始めました。

gymnast = 体操選手

☞ facetiousはfunnyと違い、冗談を言うべきでない時に言われた冗談、つまり「悪い冗談」という感じ。

類 **funny** [fʌ́ni] おかしい、面白い

0652 fallacious [fəléiʃəs]
欺まん的な、間違った

It would be **fallacious** to compare America's revolutionary beginnings to the forced regime change in Iraq.

革命を通した米国建国と、イラクでの強制的な体制変革とを比較するのは、間違いだろう。

revolutionary = 革命的／forced = 強制的な／regime = 政治体制、管理体制

名 **fallacy** [fǽləsi] 間違った考え、欺まん

0653 fastidious [fæstídiəs]
好みがうるさい、潔癖症の、細心の注意を払う

He is **fastidious** about the arrangement of guests at a dinner party. I always find myself seated next to a compatible person.

彼は、夕食会の客の席順に関してこと細かく配慮する。私はいつも自分と話の合う人の隣に座らせてもらえる。

compatible = 話の合う、ウマの合う

☞ be fastidious about (〜にこと細かい) の形でよく使う。

類 **particular** [pərtíkjulər] 好みがうるさい、きちょうめんな／**choosy** [tʃúːzi] えり好みする、気難しい

0654 fawning [fɔ́ːniŋ]
媚びへつらう

Even supporters had to admit that the magazine's **fawning** profile of the president was biased.

その雑誌の大統領に媚びへつらった紹介記事が公正さを欠いていることは、大統領支持派も認めざるを得なかった。

profile = 人物紹介記事／was biased = 偏向した、えこひいきをした

0655 fidgety
[fídʒiti]

そわそわした、落ち着きのない

With men he is confident and charming, but in front of a beautiful woman he becomes **fidgety** and unsure of himself.

彼は、男たちといる時は自信に満ちて魅力的だが、美しい女性の前に出ると落ち着きを失い、どうしていいか分からなくなる。

confident = 自信に満ちて／ unsure of himself = どうしていいか分からない

0656 flippant
[flípənt]

軽薄な、浮わついた

Despite the **flippant** title, the book discusses a very real and serious problem.

軽薄な書名にもかかわらず、その本は極めて現実的かつ深刻な問題を論じている。

despite = ～にもかかわらず

0657 full-throated
[fúlθróutid]

声高の、大声の

The candidate launched a **full-throated** attack on her opponent, saying he was a good orator but lacked an understanding of international politics.

その候補者は、対立候補に対し、雄弁家だが国際政治の理解に欠けている、との声高の攻撃を開始した。

launched = ～を開始した／ attack on = ～への攻撃／ orator = 雄弁家

0658 furtive
[fə́ːrtiv]

コソコソした、人目を忍ぶ

His wife did not know about his **furtive** visits to see his ex-girlfriend.

彼の妻は、彼が昔の恋人に人目を忍んで会っていることを知らなかった。

0659 headstrong
[hédstrɔ̀(ː)ŋ]

強情な、無鉄砲な

She is incredibly **headstrong** for a woman born in the American South during the 1930's.

1930 年代に米国南部で生まれた女性としては、彼女は信じられないほど無鉄砲である。

incredibly = 信じられないほどに

0660 heedless [híːdlis]
気に留めない、無視した

His confidence in his own popularity made him **heedless** of security risks and he became a target for assassination.

彼は自分の人気を過信して警備上の危険を無視し、暗殺の標的となった。

confidence in = 〜への自信／ security risks = 警備上の危険／ assassination = 暗殺

☞ heedless of (〜を無視して) の形でよく使う。

0661 hidebound [háidbàund]
狭量な、融通の利かない、因習的な

He believes America is still the same **hidebound** society it was before the 1960's civil rights movement.

彼は、米国は今でも1960年代の公民権運動が起こる前の狭量な社会のままだ、と信じている。

civil rights movement = 公民権運動（人種差別撤廃を目的に1960年代に米国で始まった運動）

☞ 原義は「(家畜が)やせこけて骨と皮だけの」。そこから「成長しない」、さらに「融通の利かない」へと意味が転じた。

0662 hortatory [hɔ́ːrtətɔ̀ːri]
説教じみた、勧告的な

The reverend was known for his **hortatory** speeches, which alienated nonbelievers.

その牧師は説教じみた演説で知られており、そのため無信仰の人々は遠のいた。

reverend = 牧師（通常、the reverend は聖職者に対する尊称）／ alienated = 〜を疎外した／ nonbelievers = 信仰のない人

0663 hyperkinetic [hàipərkinétik]
はつらつとした

He is full of energy, a very youthful and **hyperkinetic** guy.

彼はエネルギーに満ちあふれ、とても若々しく、はつらつとした男だ。

is full of = 〜にあふれて／ youthful = 若々しい／ guy = 男、やつ

☞ 原意は「運動過剰症の」「運動機能の活発な」。

態度・姿勢

0664 insolent [ínsələnt]
（目上に）横柄な、無礼な

I could not believe that his **insolent** stories about the Pope's private life were allowed to be published.
ローマ教皇の私生活に関する、彼の無礼な一連の記事が出版許可されたことが、私は信じられなかった。
Pope = ローマ教皇

類 **rude** [rúːd]　無作法な、失礼な

0665 inured [injúərd]
慣れている

Eventually your body may become **inured** to the medicine and higher doses will be required.
やがてあなたの体はその薬に慣れて、さらに多量の服用が必要になるでしょう。
doses = 服用量

☞ be inured to (～に慣れて) の形でよく使う。
☞ used toと異なり、たいてい、良くない事柄に慣れることに使われる。

0666 lackadaisical [lækədéizikəl]
気概のない、活気のない

The Yankees had no problem overcoming the Red Sox **lackadaisical** defense.
ヤンキースは、レッドソックスの無気力な守りを簡単に負かした。
had no problem -ing = ～するのに何の問題もなかった

0667 listless [lístlis]
気乗りしない、大儀そうな

Despite high scores in some early polls, his **listless** campaign was unable to attract voters.
初期の世論調査では高い評価を受けたにもかかわらず、彼は、そのやる気のない選挙運動のせいで有権者を引き付けることができなかった。
polls (opinion polls) = 世論調査

究極レベル3 …… 形容詞&副詞

0668 neglectful [niglék tfəl]
怠慢な、無頓着な

No matter how good the food is, a **neglectful** server can ruin the dining experience.
食事がどんなにおいしくとも、給仕係が怠慢だとその食事体験は台無しになり得る。
server = 給仕係／ ruin = ～を台無しにする

☞ neglectful of (～に無頓着で) の形でよく使われる。

0669 niggardly [nígərdli]
物惜しみする、けちな

He gave a **niggardly** tip to the cab driver for failing to get him to the airport in time.
空港に間に合うように到着してくれなかったので、彼はそのタクシー運転手へのチップをケチった。
cab driver = タクシー運転手

類 stingy [stíndʒi] ケチくさい、ケチケチする

0670 parsimonious [pàːrsəmóuniəs]
非常に倹約的な

As he became wealthier, he became more **parsimonious**, ignoring the beggars he had once given money.
裕福になるにつれて彼はとても倹約家になり、かつてお金を恵んでいた物乞いたちを無視するようになった。
ignoring = ～を無視して／ beggars = 物乞い

0671 Pollyannaish [pàliænəiʃ]
非常に楽天的な

I don't wish to be **Pollyannaish** about our company's current turmoil but I know the problems are only temporary.
私はわが社の現在の混乱に関し、過度に楽天的でありたくはない。しかしこの問題は、一時的なものに過ぎないことが分かっている。
turmoil = 混乱、騒動／ temporary = 一時的な

☞ 米国人小説家エレノア・ポーターの小説『ポリアンナ』の主人公である楽天的少女、ポリアンナに由来する。

態度・姿勢

0672 pusillanimous [pjùːsəlǽnəməs]
優柔不断な、臆病な

We need a bold leader. We are still suffering from years of **pusillanimous** leadership.

私たちには大胆な指導者が必要だ。私たちは、何年にも及ぶ優柔不断なリーダーシップにいまだ苦しんでいる。

bold = 大胆な

類 cowardly [káuərdli]　臆病な、意気地のない

0673 rambunctious [ræmbʌ́ŋkʃəs]
乱暴な、無茶な、わんぱくな

The children who live in the apartment next to mine are so **rambunctious** that I'm afraid they will one day crash through the wall.

私の隣のアパートに住む子供たちはとてもわんぱくなので、いつの日か、壁を破り抜くのではないかと心配しているくらいだ。

crash through = 〜にぶつかって破りぬく

0674 remiss [rimís]
怠慢な

I would be **remiss** if I did not also point out that he is one of the greatest philanthropists in the U.S.

彼は米国における最も偉大な慈善事業家の一人であることも指摘しなければ、私は怠慢のそしりを免れないだろう。

philanthropists = 慈善事業家

☞ I would be remiss if I did not(もし〜しなければ、怠慢のそしりを免れないだろう)はスピーチでよく使う表現。

0675 reticent [rétəsənt]
①(全容を)話したがらない
②気乗りしない

② Though he has been married for 6 years, he still goes out with his friends every night because he is **reticent** to give up his bachelor lifestyle.

彼は結婚して6年になるが、自分の独身時代の生活習慣をあきらめる気にはなれないので、まだ友人たちと毎晩、外出する。

bachelor = 独身男性 (独身女性はかつては spinster といったが、今では single woman が普通)

0676 sanguine [sǽngwin]
楽観的な、自信に満ちた

I am not **sanguine** about the U.S. housing crisis. It is clear that millions will lose their homes to foreclosure.

私は米国の住宅危機について楽観的ではない。何百万人もの人たちが差し押さえで住宅を失うことは確実だ。

foreclosure = 抵当流れ、差し押さえ

☞ 語源はラテン語のsanguineous（血色の）。そこから「元気な」「楽観的な」へと意味が転じた。

0677 scurrilous [skə́ːrələs]
口汚い、口の悪い、不正な、不道徳な

Elected officials should not have to endure **scurrilous** personal attacks simply because they are in the public eye.

選挙で選ばれた公職者は、公衆の目にさらされるからといって、無法な個人攻撃を我慢する義務を負うべきではない。

endure = ～を我慢する／ personal attacks = 個人攻撃／ in the public eye = 公衆の目にさらされて

0678 self-effacing [sélfefèisiŋ]
（性格が）控えめな

Because of his quiet and **self-effacing** manner, the guitarist has not always received the accolades he deserves.

性格が静かで控えめなので、そのギター奏者は自分が受けるべき称賛をいつも得てきたとは言えない。

accolades = 褒賞、称賛／ deserves = ～に値する、～を受けるに足る

0679 smarmy [smáːrmi]
おべっかを使う、取り入ろうとする、調子のいい

The district attorney looked sharp and trustworthy, but the jury found the defendant's lawyer **smarmy**.

その地方検事は頭が切れ、信頼が置ける人物に見えた。しかし被告の弁護士はおべっか使いだと陪審員たちは思った。

district attorney = 地方検事（略称 DA）／ trustworthy = 信頼できる／ jury = 陪審員／ defendant = 被告

0680 sophomoric
[sὰfəmɔ́:rik]

未熟で青臭い、生意気な

Most of the work submitted to the annual short story contest is **sophomoric** but some of it is quite good.

毎年恒例の短編小説コンテストに応募してくる作品のほとんどは未熟で青臭いが、そのうちの何編かはなかなかの出来だ。

submitted = 提出された／annual = 毎年恒例の、年次の

☞ 原義は「(高校・大学の) 2年生の」。2年生になると学校に慣れてきて、生意気になるからと思われる。

0681 stealthy
[stélθi]

コソコソした、人目を忍ぶ

She has run a **stealthy** campaign, secretly tipping off the media about her opponent's scandalous past rather than doing so openly.

彼女は、自分の対立候補のスキャンダラスな過去を、公には批判せず、メディアにひそかに告げ口するというコソコソした選挙運動を展開してきた。

tipping off ~ about ... = …について~に告げ口する／opponent = 反対者、敵対者

0682 timorous
[tímərəs]

臆病な、腰抜けの

Because of his **timorous** nature, he did not find a serious girlfriend until he was well into his 40's.

臆病な性格のため、彼は40歳をかなり越えるまで、真剣な交際をする女友達ができなかった。

nature = 性格／serious girlfriend = 真面目な交際をする女友達、(特定の) 女性の恋人

類 **timid** [tímid] 臆病な、気の小さい

0683 trigger-happy
[trígərhæpi]

すぐに発砲したがる、好戦的な

Some people still imagine New York City as a town overrun with prostitutes and **trigger-happy** gang members.

ニューヨーク市を、売春婦と銃をすぐ撃ちたがるギャング団がはびこる街だと思っている人がまだいる。

overrun with = ~がはびこる、~が一杯で／prostitutes = 売春婦

0684 unchaste [ʌntʃéist]
身持ちの悪い、みだらな

Knowing about her **unchaste** youth, I could not imagine how she attained her new position in the church leadership.

彼女の若いころの身持ちの悪さを知っているので、彼女がどうやって教会指導部に新しい仕事を得たか、想像しかねる。

attained = 〜を獲得した／ church leadership = 教会指導部

0685 unflappable [ʌnflǽpəbl]
物事に動じない、冷静な

During the recent hurricane disaster, he remained **unflappable** despite the horrors all around him.

彼は、最近起きたハリケーン災害の間中ずっと、周囲の惨事にもかかわらず、冷静さを保っていた。

disaster = 災難、天災／ horrors = 惨事

0686 unflinching [ʌnflíntʃiŋ]
ひるまない、断固とした

The new Iraq documentary offers an **unflinching** look at the state of chaos in Baghdad.

イラクに関するその新しい記録映画は、バグダッドの混乱状態をひるむことなく見すえた作品である。

documentary = 記録映画、ドキュメンタリー／ state of chaos = 混乱状況

0687 virulent [vírjulənt]
悪意のある、敵意に満ちた、容赦ない

Joseph McCarthy's **virulent** anti-Communist message took the nation by storm in the 1950's.

ジョセフ・マッカーシーの悪意に満ちた反共主義的メッセージは、1950年代、国中を席巻した。

anti-Communist = 反共産主義の／ took 〜 by storm = 〜を席巻した、大成功した

※マッカーシーは米国の共和党上院議員。彼を中心に、1940年代末から50年代半ばにかけて、反共運動が行われた。

DISC2 Track15 能力

0688 cogent [kóudʒənt]
(議論が) 説得力のある

The news networks seem more interested in the personal failings of leaders than in framing a **cogent** debate of the issues.

ニュース放送は、諸問題に関する説得力のある議論を形成することよりも、指導者たちの個人的弱点にもっと関心があるようにみえる。

networks = 放送網／failings = 弱点／framing = 〜を形成すること

類 convincing [kənvínsiŋ] 納得させる、説得力のある

0689 dimwitted [dímwítid]
頭の回転が遅い

His **dimwitted** son could not get into the reputable university until he made a substantial donation to the school.

彼の頭の回転が遅い息子は、彼がその評判の良い大学に相当の献金をして初めて入学できた。

reputable = 評判の良い／substantial = 相当の／donation = 献金

☞ かなりキツイ表現なので、聞いて分かればOK。dim-wittedともつづる。

0690 doable [dúːəbl]
実行可能な

Congress should stick to **doable** issues and avoid the heated rhetoric on divisive issues like abortion.

議会は、実行可能な争点に集中し、中絶など、争いの種になる諸問題をめぐって興奮した物言いになるのを避けるべきだ。

congress = 議会／stick to = 〜を固守する／heated = 興奮した／rhetoric = 物言い、語り口、話し方／divisive = 分裂を引き起こしそうな／abortion = 中絶

0691 fatuous [fætʃuəs]
愚かな、馬鹿げた

The media is prone to making **fatuous** predictions and forgetting them when they do not come true.

メディアは、愚かな予測を出しがちであり、当たらなかった場合は、それを忘れる傾向にある。

is prone to = 〜しがちである／predictions = 予測／come true = 実現する

0692 numerate [njúːmərèit] 理数系の知識がある

It is not enough for a school to produce literate students, they should produce **numerate** ones as well.

学校は、読み書きができる生徒を作り出すだけでは不十分だ。生徒に理数系の知識を持たせることも必要である。

literate = 読み書きできる／as well = 同時に

☞ 動詞も同形。
動 numerate 〜を数え上げる

0693 omniscient [ɑmníʃənt] 全知の

Warren Buffet is a savvy investor but he is not **omniscient**.

ウォレン・バフェットは知恵のある投資家だが、全知の人間ではない。

savvy =（実際的な）知恵のある／investor = 投資家
※バフェットは米国の著名な株式投資家。

☞ 語源はラテン語のomni（すべて）+ scient（知っている）。
☞ 名詞も同形。
名 omniscient 全知全能の人

0694 prescient [préʃənt] 先見の明のある、予知する

Her 2003 book on the risks of going to war in Iraq turned out to be regrettably **prescient**.

彼女が2003年に出版した、イラク戦争開戦の危険性に関する本は、残念ながら未来を予見していたと判明した。

turned out to be = 〜と判明した／regrettably = 残念ながら

☞ 語源はラテン語のpre（前に）+ scient（知っている）。

0695 redoubtable [ridáutəbl] 尊敬すべき、侮り難い

The Zagat Survey, the **redoubtable** restaurant guide, is still widely read.

権威ある料理店ガイドである『ザガット・サーベイ』は、相変わらず広く読まれている。

能力〜位置関係・相対関係・立場

0696 seaworthy [síːwəːrði]
(船が)航海可能な

We crossed the Atlantic in a barely **seaworthy** vessel. At every moment, I thought we would sink.

私たちはギリギリ航海可能な船で大西洋を渡った。その間、私は沈没するのではと常に心配していた。

the Atlantic = 大西洋／ barely = かろうじて〜する／ vessel = 船／ at every moment = いつも

☞ -worthy（〜に値する）を使ったそのほかの単語として、creditworthy（信用度のある）、trustworthy（当てになる）、noteworthy（注目すべき、顕著な）などがある。

DISC2 Track16 位置関係・相対関係・立場

0697 antagonistic [æntæɡənístik]
敵対的な、対立する

Two generations in the Middle East were raised to believe that Americans are **antagonistic** to Muslims.

中東では二世代にわたって、米国人はイスラム教徒に敵対的だと信じるように育てられてきた。

the Middle East = 中東／ Muslims = イスラム教徒

類 hostile [hástl] 敵意のある、敵対する

0698 bereaved [birí:vd]
(家族や近親に)死なれた、後に残された

I would like to offer my most sincere condolences to his **bereaved** family.

彼の遺族に対し、心からのお悔やみを申し上げます。

sincere = 心からの／ condolences = 哀悼、お悔やみ

☞ the bereaved／bereaved family（遺族）の形でよく使う。bereaved familyは新聞のおくやみ欄によく出てくる表現。

究極レベル3 — 形容詞&副詞

0699 conterminous [kəntə́ːrmənəs]
共通境界を持つ、重なり合う

The southern border of the United States is **conterminous** with the northern border of Mexico.
米国の南の国境は、メキシコの北の国境と重なり合っている。

☞ A is conterminous with B (AはBと重なり合う) の形でよく使う。
☞ coterminousともつづる。

0700 contributory [kəntríbjutɔ̀ːri]
① (解決の) 一助となる、(問題の) 一因となる
② 拠出制の、分担制の

① The oily roads were a significant **contributory** factor in the highway accident.
油だらけの道路が、ハイウエー事故の重大要因だった。

② We have a **contributory** pension system.
私たちの年金制度は拠出制です。

oily = 油だらけの / significant = 重大な / pension = 年金

0701 dicey [dáisi]
危険な、不確定な

He recommended a lot of seemingly **dicey** stocks but they all proved to be smart investments.
彼は一見、危険そうな株式をたくさん勧めたが、それらはすべて賢明な投資であることが判明した。

seemingly = 一見、表面上は / stocks = 株式 / proved to be = 〜だと分かった / smart = 賢明な / investments = 投資

0702 discrete [diskríːt]
別々の、個別的な

They view Texas as a **discrete** entity rather than as a state in the U.S.
彼らはテキサスのことを、米国の一州というよりも別の存在と見なしている。

entity = 存在物、実体

☞ discreet (慎重な) と間違えないように注意。

位置関係・相対関係・立場

0703 exogenous
[eksádʒənəs]
外因的な

The jump in oil prices is due to **exogenous** factors such as speculation rather than supply and demand.

石油価格の急騰は、供給・需要関係というよりは投機などの外因による。

jump = 急騰／due to = 〜の理由で／speculation = 投機／supply and demand = 需要と供給

反 endogenous [endádʒənəs] 内因的な、内生の
こんな対語を使えれば、英語圏知識層の仲間入り。

0704 extraneous
[ikstréiniəs]
(本質と) 関係のない

When I'm choosing a mobile phone I am not interested in **extraneous** features like cameras and Internet access, I just want good reception.

携帯電話を選ぶ時は、カメラやインターネット接続など、本質と関係ない機能に関心はありません。ただ、受信能力が良ければいいのです。

mobile phone = 携帯電話／features = 機能、性能／reception = 受信能力

☞ extraneous to (〜と無関係で) の形でよく使う。

0705 idiographic
[ìdiəgrǽfik]
個別の具体的事例に関する

History is different from other similar fields because of its **idiographic** foundation.

歴史学は、具体的な事例研究に基礎を置くので、ほかの関連分野とは異なる。

foundation = 基礎、基盤

☞ 語源はギリシア語のidio (独自の) + graph (著述、文書)。

☞ 反意語 nomothetic の語源は nomo (法) + thetic (成す、作る)。この対語は英語圏知識層もあまり知らない。

反 nomothetic [nàməθétik] 普遍的法則に関する

0706 immutable
[imjú:təbl]
不変の、変化不可能の

There is an **immutable** link between police corruption and the mafia in New York's history.

ニューヨーク市の歴史において、警察汚職とマフィア組織とは切っても切れない関係にある。

corruption = 汚職

究極レベル3 …… 形容詞&副詞

0707 inadvisable [inədváizəbl]
賢明でない、不得策の

Playing ice hockey over thin ice is highly **inadvisable**.
薄氷の上でアイスホッケーをするのは、まったくもって勧められたことではない。

0708 middling [mídliŋ]
平均の、二流の

Her second novel drew low-to-**middling** ratings from critics.
彼女の2作目の小説は、批評家たちから平均以下の評価を得た。
drew = 〜を引き出した／ critics = 批評家

類 **average** [ǽvəridʒ] 平均の、並の

0709 proximate [prάksəmət]
①(原因などが)直接の ②おおよその

① The **proximate** cause of the train wreck was excessive speed.
電車が衝突した直接の原因は、スピードの出し過ぎだった。
wreck = 衝突／ excessive = 過度の

② 類 **approximate** [əprάksəmət] おおよその、大体の

0710 retrograde [rétrəgrèid]
後退する、退化する

The objection to stem cell research by anti-abortion activists is **retrograde**.
中絶反対派の活動家たちによる、幹細胞研究への反対は、後退的である。
stem cell = 幹細胞／ anti-abortion = 中絶反対
※幹細胞の一種であり、万能細胞である胚性幹細胞(ES細胞)は受精卵から作られるため、受精卵をすでに生命と見なす中絶反対派は幹細胞研究に反対している。

0711 seamy [síːmi]
評判の良くない、裏側の

After years of scandals the **seamy** congressman finally stepped down.
長年にわたる醜聞の末、その評判の良くない議員はようやく辞任した。
congressman = (下院)議員／ stepped down = 辞任した

☞ 原義は「縫い目の見える側の」。

位置関係・相対関係・立場〜程度・度合い

0712 suchlike [sʌ́tʃlàik]
同類の、そのたぐいの

Because of e-mail, mobile phones, text messages and **suchlike**, I am much better connected to old friends than before.

Eメール、携帯電話、テキストメッセージやそういったもののおかげで、私は昔の友人と以前よりもよく連絡し合っている。

☞ ~ and suchlike（〜とそのたぐい）の形でよく使う。
☞ 名詞も同形。
名 suchlike 同類の人、物

0713 synergistic [sìnərdʒístik]
お互いに作用し合う、相乗効果的な

We acquired the tiny technology company because we saw many **synergistic** possibilities.

私たちがその小さなテクノロジー企業を買収したのは、相乗効果上の多くの可能性を見出したからだった。

acquired = 〜を買収した

名 synergy [sínərdʒi] 相乗効果、シナジー

DISC2 Track17 程度・度合い

0714 apposite [ǽpəzit]
（言葉や行動が）適切な、ぴったりした

During the Cold War, the U.S. believed it was **apposite** to support military dictators like Manuel Noriega.

冷戦中、米国は、マヌエル・ノリエガのような軍事独裁者たちを支援することは、極めて適切だと信じていた。

dictators = 独裁者
※ノリエガは 1980 年代の中米パナマの独裁者。

☞ opposite（反対の）と間違えないように注意。

究極レベル3 …… 形容詞&副詞

0715 cataclysmic [kæ̀təklízmik]
大異変の、激変的な

Louisiana was totally unprepared for the **cataclysmic** destruction of New Orleans.

ルイジアナ州は、ニューオリンズの大異変的な破滅に対する準備がまったくできていなかった。

unprepared = 準備ができていない

☞ cataclysmic change（天変地異）の形でよく使う。

0716 execrable [éksikrəbl]
実にひどい、忌まわしい

The doctor's handwriting is **execrable**. Pharmacists often have to call his office to confirm a prescription.

その医者の手書きは実にひどい。薬剤師たちは、彼の医院に電話して処方箋を確認しなければならないことが往々にしてある。

pharmacists = 薬剤師／prescription = 処方箋、処方薬

0717 fledgling [fléd3liŋ]
（人や組織が）未熟な、生まれたての

Afghanistan's **fledgling** government began a strategy of talking to the Taliban in hopes that it could stop the insurgency.

誕生したばかりのアフガニスタン政府は、反乱の停止を望んで、タリバン勢力と話し合うという戦略を開始した。

strategy = 戦略／in hopes that = 〜を望んで／insurgency = 反乱
※タリバンは、アフガニスタンのイスラム原理主義組織。

動 **fledge** [fléd3] 羽が生えそろう、大人になる
反 **full-fledged** [fúlfléd3d] 形 成熟した、一人前の、本格的な

0718 fortuitous [fɔːrtjúːətəs]
幸運な、偶発的な

It was f**ortuitous** that I learned to swim three months before our cruise ship sank.

私たちの巡航客船が沈没する3カ月前に、私が泳ぎを教わっていたのは、幸運だった。

cruise ship = 巡航客船

☞「偶然の」という原義が弱まり、最近では「幸運な」という意味で使われることが多い。

類 **fortunate** [fɔ́ːrtʃənət]／**lucky** [lʌ́ki] 幸運な

程度・度合い

0719 full-out [fúláut]
全力を挙げた、徹底的な

It only took her 3 years to go from unknown actress to a **full-out** icon.
彼女が無名の女優から絶対的なアイドルになるまでに、3年しかかからなかった。
icon = アイドル

0720 germane [dʒərméin]
適切な、密接な関係がある

Your opinions are interesting but not really **germane** to the argument.
君の意見は興味をそそるが、目下の議論とはあまり関係がない。
argument = 議論

☞ be germane to の形でよく使う。

類 pertinent [pə́ːrtənənt] 適切な、要を得た、関連する

0721 incontrovertible [ìnkɑntrəvə́ːrtəbl]
論争の余地のない、明白な

The evidence is now **incontrovertible** that global climate change is a very real problem.
今や、地球的な気候変動が非常に切実な問題であることの、明白な証拠がある。
evidence = 証拠／global climate change = 地球規模の気候変動

反 controvertible [kɑ̀ntrəvə́ːrtəbl] 論争できる、議論の余地のある
類 indisputable [ìndispjúːtəbl] 議論の余地のない、論を待たない

0722 inexorable [inéksərəbl]
動かし難い、(物事が)避け難い、(人が)情け容赦ない

The **inexorable** rise of China will greatly impact the commodity markets.
中国の止められない台頭は、商品市場に大きな影響を及ぼすだろう。
impact = 〜に影響を与える／commodity markets = 商品市場

究極レベル3 …… 形容詞&副詞

0723 inveterate [invétərət]
(感情などが)根深い、昔からの

Jazz fans love him for his **inveterate** need to constantly reinvent himself and his sound.
ジャズ・ファンは、自分自身とその音楽を常に再生させなければならないという彼の根深い欲求ゆえに、彼が好きである。
constantly = 常に／ reinvent = ～を再生させる

類 long-standing [lɔ́ːŋstǽndiŋ] 積年の、長年の

0724 platitudinous [plætətjúːdənəs]
月並みな、陳腐な

I'm tired of the president's **platitudinous** and meaningless speeches.
大統領の陳腐でナンセンスな演説に、私はもう飽き飽きしている。
(am) tired of = ～にはうんざりだ

名 platitude [plǽtətjùːd] 陳腐さ、常套句

0725 portentous [pɔːrténtəs]
①不吉な前兆の ②もったいぶった

① He summed up his pessimistic outlook with the **portentous** line, "We deserve the hard times that lie ahead."
彼は自分の悲観的な見通しを不吉な文章で締めくくった。「われわれがこれから、厳しい時代を迎えなくてはならないのは当然だ」。
summed up = ～を締めくくった／ pessimistic outlook = 悲観的な見通し／ deserve = ～の報いを受けて当然だ／ lie ahead = 将来やって来る

0726 skimpy [skímpi]
不十分な、(服が)露出度が高い

The company's **skimpy** health insurance plan would not cover even the most minor surgeries.
その会社の不十分な医療保険制度では、最も軽い手術でさえカバーできないだろう。
health insurance plan = 医療保険制度／ minor = 大したことのない／ surgeries = 手術

0727 specious [spíːʃəs]
見掛け倒しの、うわべだけの

He has a firm grasp on domestic issues but **specious** foreign policy knowledge.
彼は国内問題に関してはしっかりと理解しているが、外交政策の知識は表面的だ。
has a firm grasp on = ～をよく理解している／ domestic = 国内の／ foreign policy = 外交政策

☞ spacious（場所が広い）と間違えないように。

0728 threadbare [θrédbèər]
古臭い、陳腐な

Even his supporters admit that his **threadbare** foreign policy plans need to be developed.
支持者たちでさえ、彼の陳腐な外交政策構想を発展させる必要があることを認識している。

☞ 原義は「（服が）着古して糸の見える」。

0729 torpid [tɔ́ːrpid]
（人や事柄が）不活発な、無気力な

The **torpid** housing market is hurting my home renovation business.
不活発な住宅市場のせいで、私の住宅改築ビジネスに支障が出ている。
home renovation = 家の改築

0730 trenchant [tréntʃənt]
（批評などが）痛烈な

Al Gore has become the nation's most **trenchant** critic of environmental policy.
アル・ゴアは米国における環境政策の最も痛烈な批判者となった。
critic = 批判者／environmental policy = 環境政策

0731 unexceptionable [ʌ̀niksépʃənəbl]
申し分ない、ケチのつけようのない

Though the senator's views of women were **unexceptionable** in the 1950's, today they are regarded as sexist.
その上院議員の女性観は1950年代なら申し分ないが、現在では性差別主義的と見なされる。
senator = 上院議員／sexist = 性差別主義の

0732 unquestioning [ʌ̀nkwéstʃəniŋ]
絶対的な、疑いを入れない

My parents were like dictators; they demanded **unquestioning** obedience.
私の両親はまるで独裁者で、絶対的な服従を要求してきた。
dictators = 独裁者／obedience = 従順、服従

究極レベル3 …… 形容詞&副詞

0733 vexed [vékst]
① (問題などが) 厄介な
② (人が) イライラしている

① Everyone outlined their position on the **vexed** question of the U.S. healthcare crisis.
米国の保健医療危機という厄介な問題に関するそれぞれの立場を皆、略述した。
outlined = ～のあらましを述べた／ healthcare = 保健医療

☞ a vexed question (厄介な問題) の形でよく使う。

DISC2 Track18 数関連・時間・頻度

0734 concomitant [kɑnkɑ́mətənt]
付随した、同時発生の

Detroit began to decline economically in the 1960's due to plant closures and a **concomitant** drop in population.
デトロイトは1960年代、工場閉鎖とそれに伴う人口減少のせいで、経済的に衰退し始めた。
decline = 衰退する／ due to = ～のせいで／ plant closures = 工場閉鎖
※デトロイトは米国の自動車産業の中心地。

0735 consequent [kɑ́nsəkwènt]
結果として生じる

Oil futures fell even further last month due to fears of recession and a **consequent** softening of demand.
不況の懸念とその結果としての需要軟化に反応して、先月、石油先物がさらに下落した。
futures = 先物取引／ recession = 不況／ softening = 軟化

類 resulting [rizʌ́ltiŋ]／resultant [rizʌ́ltənt] 結果として起こる／ensuing [insúːiŋ] 結果として続いて起こる

0736 dilatory [dílətɔ̀ːri]
時間稼ぎの、意図的に遅らせる

The United States has had a **dilatory** approach to energy conservation.
米国は、エネルギー保全に関して時間稼ぎ的な対応をしてきた。
conservation = 節約、保全

程度・度合い〜数関連・時間・頻度〜政治・経済・法律

0737 fitful
[fítfəl]

気まぐれな、断続的な

Because of the car's engine problems he began the race in **fitful** starts; speeding, then stalling, then speeding again.

車のエンジン・トラブルのため、彼はレースを断続的な様子で開始した。スピードが出た後、遅くなり、そしてまたスピードが出た。

stalling = 遅くなって

0738 umpteenth
[ʌmptíːnθ]

何回目か分からないくらいの

I had to call my mobile phone company for the **umpteenth** time about disrupted service.

通信が中断する問題について、携帯電話の会社に何度目か分からなくなるほど電話を掛けなければならなかった。

disrupted = 中断された

DISC2 Track19 政治・経済・法律

0739 exculpatory
[ikskʌ́lpətɔ̀ːri]

無罪を証明する、弁解的な

The prosecutor denied withholding **exculpatory** evidence from a witness.

その検事は、証人からの無罪証明となる証拠を留保したことを否定した。

prosecutor = 検事／withholding = 〜を留めておくこと・使わせないこと／witness = 証人

☞ 語源はラテン語のex（外へ）+ culpa（罪）。

☞ かなり難度の高い単語。

動 exculpate [ékskʌlpèit] 無罪証明をする

0740 nugatory
[njúːgətɔ̀ːri]

無視し得る、無益の、法律上無効の

A recent study found that the danger of secondhand smoke to nonsmokers is **nugatory**.

ある最新の研究によれば、二次喫煙が非喫煙者に及ぼす危険は無視できるものとのことだ。

secondhand smoking = 二次喫煙、受動喫煙

類 worthless [wə́ːrθlis] 価値のない、値打ちのない

217

究極レベル3 形容詞&副詞

0741 scot-free [skɑ́tfríː]
①罰を免れて ②免税の

① Because of the incompetence of the police, the killer got away **scot-free**.
警察が無能なせいで、その殺人犯は逃亡し、罰をのがれた。
incompetence = 無能／got away = 逃げた

☞ 主として英国での表現。

DISC2 Track20 言語・学問・文化・宗教

0742 demonic [dimɑ́nik]
悪魔の、悪魔のごとき

The evangelical preacher believes that people become homosexual because of **demonic** influence.
その福音主義の伝道師は、人々は悪魔の影響で同性愛になると信じている。
evangelical = 福音主義の（福音主義 [evangelicalism] は、聖書に基づく信仰のみを強調する、プロテスタントの思想的支柱）／preacher = 伝道師

0743 edifying [édəfàiŋ]
教育的な、ためになる

Today, the cathedral's paintings are regarded as works of art but centuries ago, they were more valued for their **edifying** properties.
今日、その大聖堂の絵画は芸術作品と見なされているが、数世紀前には、それらはむしろ教育的な性質のゆえに尊ばれた。
cathedral = 大聖堂／are regarded as = ～と見なされる／properties = 性質

0744 elliptical [ilíptikəl]
①言葉を省いた、（省略されて）分かりにくい ②楕円形の

① The play's **elliptical** dialogue is delivered by the lead actors in low monotones.
その劇の極限まで言葉を削った対話は、主演俳優たちが声を低めて単調に行う。
dialogue = 対話／is delivered = 伝えられる、行われる／monotones = 単調、一本調子

☞ ②の意味では、elliptical trainer/machineという表現を最近よく目にする。ジムにある「楕円軌道マシーン」のことである。

0745 garrulous [gǽrələs]
おしゃべりな、多弁な、冗長な

The **garrulous** talk-show host always asks her guests probing personal questions.

そのトークショーのおしゃべりなホストはいつも、ゲストに対して詮索(せんさく)するような個人的質問をする。

probing = 詮索的な、探りを入れる

0746 idolatrous [aidάlətrəs]
偶像崇拝的な

The Catholic custom of worshipping Mary, the mother of Jesus, was deemed **idolatrous** by Puritans.

イエスの母であるマリアを崇拝するカトリックの習慣は、ピューリタンたちによって偶像崇拝的と見なされた。

worshipping = ～を崇拝すること／ was deemed = ～と見なされた／ Puritans = 清教徒、ピューリタン(プロテスタントの一派で、道徳・宗教的に厳格である)

類 **idol-worshipping** [áidlwɔ́ːrʃipiŋ]　偶像崇拝的な

0747 ineffable [inéfəbl]
(美しさなどが)言語に絶するほどの

His **ineffable** guitar playing was unlike anything I had ever heard.

筆舌に尽くしがたい彼のギター演奏は、私がこれまでに聞いたことのあるどんな音楽とも違っていた。

unlike anything = どんなものとも異なる

0748 laconic [ləkάnik]
言葉数が少ない、ぶっきらぼうな

Tommy Lee Jones was noted for his performance as the **laconic** sheriff in *No Country for Old Men*.

トミー・リー・ジョーンズは、映画『ノーカントリー』の中で無口な保安官役を演じて話題を呼んだ。

was noted for = ～で注目された／ sheriff = 保安官

※トミー・リー・ジョーンズは、米国のアカデミー賞受賞俳優。

究極レベル3 ...... 形容詞&副詞

0749 paternalistic [pətə́ːrnəlistik]
家父長主義的な、温情主義的な

A **paternalistic** worldview was at the center of the colonialistic era's exploitation of underdeveloped countries.

植民地主義時代における開発途上諸国搾取の中心には、家父長主義的な世界観が存在した。

colonialistic = 植民地主義的／ era = 時代／ exploitation = 搾取／ underdeveloped = 開発途上の

0750 tendentious [tendénʃəs]
(意見が)偏った、特定意見を持った

His **tendentious** book is the sum of his years spent as a member of the CIA.

意見の偏った彼の著書は、彼がCIA職員として過ごした長い年月の総和だ。

sum = 総計、すべて／ CIA (Central Intelligence Agency) = 米国中央情報局

☞ tendenciousともつづる。
名 tendency [téndənsi] 傾向、傾き

0751 truncated [trʌ́ŋkeitid]
(文章などが)省略された、不完全な、(時間などが)短縮された

Most Americans have a very **truncated** understanding of their nation's genocidal treatment of Native Americans.

ほとんどの米国人は、米国がその先住民族に対して大量虐殺的扱いをしたことに関し、極めて不完全な理解しかしていない。

genocidal = 大量虐殺的な／ Native Americans = 先住米国人(いわゆるインディアン)

☞ 原義は「物体の上部を平面で切った」。

DISC2 Track21 体・体力・健康

0752 bibulous [bíbjuləs]
(人が)酒好きの、(宴会などで)酒がたくさん出る

The Irish have gained fame as a **bibulous** people but they rank under Germany and the Czech Republic for beer drinking.

アイルランド人は酒好きな国民として有名になったが、ビール消費量の順位はドイツやチェコよりも低い。

the Irish = アイルランド人／ have gained fame as = ～という評判を得た／ rank = 位置する／ Czech Republic = チェコ共和国

言語・学問・文化・宗教〜体・体力・健康〜副詞

| 0753 | **buxom** [bʌ́ksəm] | （女性が）胸が豊かな、ふくよかで魅力的な |

Buxom Marilyn Monroe won rave reviews for her work in *Gentlemen Prefer Blondes* in 1953.
グラマーなマリリン・モンローは、1953年の映画『紳士は金髪がお好き』の演技で絶賛された。
rave reviews = べたぼめの批評（決まり文句）

| 0754 | **emaciated** [iméiʃièitid] | やせ衰えた |

Police discovered three dead and several **emaciated** dogs, with no access to food or water.
警察は、水も餌も与えられずに死んだ犬を3匹、やせ衰えた犬を数匹発見した。
discovered = 〜を発見した／ with no access to = 〜を入手（利用）できずに

| 0755 | **tactile** [tǽktail] | ①触感の ②人の体に触れる癖のある |

① He is a **tactile** learner, preferring to get his hands on a set of tools rather than reading about maintenance.
彼は触感型の学習者で、メンテナンスのことを読むよりも、実際に道具を手に取ってみる方を好む。
learner = 学習者／ tools = 道具

副詞

DISC2 Track22

| 0756 | **apropos** [æ̀prəpóu] | ①ふさわしく、時宜を得て ②ところで、それはそうと |

① **Apropos** of nothing, she told me about her son's death in an avalanche.
彼女はやぶから棒に、自分の息子が雪崩で死んだことを私に告げた。
avalanche = 雪崩

☞ apropos of nothing（やぶから棒に、突然）の形でよく使う。
☞ sは発音しない。
☞ 形容詞も同形。
形 apropos 時宜を得た、適切な

究極レベル3 — 形容詞&副詞

0757 astride [əstráid]
またがって、両足を開いて

At its southern end, Union Square features a statue of George Washington **astride** a horse.

ユニオンスクエアの南端には、馬にまたがったジョージ・ワシントンの彫像が呼び物として立っている。

features = ～を呼び物にする／statue = 彫像
※ユニオンスクエアはニューヨーク市にある公園。

0758 hereafter [hiəræftər]
これ以降、以下では

Hereafter, the former slums would be known as ghettoes.

以前の貧民街はこれ以降、ゲットーと呼ばれることになる。

slums = 貧民街、スラム／ghettoes = ゲットー、ユダヤ人地区

☞ 名詞も同形だが、意味はかなり（！）違うので注意。
名 hereafter あの世

0759 pursuant [pərsúːənt]
準じて、従って

Pursuant to his years of living abroad in China, he returned to the U.S. as a professor of East Asian History.

中国で長年、海外生活を送った経験に従い、彼は東アジアの歴史の教授として米国に帰国した。

☞ pursuant to (～に従って) の形でよく使う。

0760 reflexively [rifléksivli]
条件反射的に

He's been famous for so long that whenever someone hands him a pen he **reflexively** signs an autograph.

彼はあまりにも長い間、有名人として生きてきたので、誰かがペンを手渡すと条件反射的にサインをしてしまう。

autograph = サイン、署名

0761 shrilly [ʃríli]
(批判などを)金切り声で、甲高く

Protestors stood outside the Capitol for hours, **shrilly** calling for the removal of U.S. forces from Iraq.

抗議者たちは議会議事堂の外に何時間も立って、イラクからの米軍撤兵を甲高い声で要求した。

protestors = 抗議者／Capitol =（米国の）議会議事堂

形 shrill [ʃril] 金切り声の、甲高い

0762 sine die [sáini dáii]
無期限に

After two bankruptcies, the firm was finally shut down *sine die*.

2回に及ぶ倒産の後、同社はついに、無期限に閉鎖された。

bankruptcies = 倒産（t はほぼ発音されない）

☞ ラテン語表現。sine（〜なしで）+ die（日）。

0763 tersely [tə́ːrsli]
簡潔に、ぶっきらぼうに

As press officer, he was known for releasing **tersely** worded statements that contained almost no information at all.

彼は広報担当者として、ほとんど情報を含まないそっけない表現の声明を出すことで知られていた。

press officer = 広報担当者／contained = 〜を含んだ

0764 thereof [ðèəráv]
それについて、その理由で

I would like to discuss the role of Asian producers in Hollywood or the lack **thereof**.

私はハリウッドにおけるアジア系プロデューサーたちの役割、あるいはその役割の欠如について論じたいと思う。

☞ 〜 or the lack thereof（〜またはその欠如）の形でよく使われる。

0765 theretofore [ðèərtəfɔ́ːr]
それ以前に、それまでに

I became involved in the company in 1986 and **theretofore** they had done no work on lasers.

私は1986年にその会社と関係し始めたが、それ以前は、同社はレーザー技術については何の仕事もしていなかった。

lasers = レーザー

類 before that time　それ以前は

0766 validly [vǽlidli]
合法的に、正当な方法で

The judge determined that his gun license was **validly** made under state law.

その裁判官は、彼の銃砲所持許可証は州法の下で合法的に発行されたものと判断した。

judge = 裁判官、判事／gun license = 銃砲所持許可証

形 valid [vǽlid]　法的に有効な、妥当な
名 validity [vəlídəti]　有効性
反 invalidly [invǽlidli]　法的効力なく、無効に

> cantankerous や exculpatory などを使えるのは米国人大学生でも十人に一人くらいでしょう。

Mr. 向江の英語ライフ
Break Time Column
from N.Y. 6

脳への適度なノイズで学習効率アップ

コミュニケーション理論によると、信号（シグナル）を100％送信するよりもそれを95％くらいに下げ、残り5％を雑音（ノイズ）にした方が受信側の吸収度・理解度が向上するそうです。学習にも同じことが言えます。勉強ばかりしていると頭が一杯になって能率が下がるので、時々、脳にノイズを与えた方がベターな結果を得られます。

体験から言えば、ベストのノイズは勉強とはまったく無関係の活動です。机に長時間向かった後、室内で簡単な体操をしたり、外に出て散歩をしたり、要するに体を動かします。腹筋や懸垂などの運動が気軽にできるよう室内に簡単な器械を用意していますし、また近所にはお気に入りの散歩コースがあります。住居はニューヨーク市内ですが、郊外なので付近に森林公園があります。そこを小一時間散歩すると、気分が高揚します。外出できない時は、自前のエスプレッソマシーンを使って茶道のお点前のごとく丁寧にエスプレッソを入れ、ビスコッティと一緒に二杯ほど飲みます。

最後に、これは忘れがちですが、学習能率を高めるためにはきれいな空気が大切です。私は空気清浄機を書斎兼居間に一台、寝室にもう一台備えています。きれいな空気は学習の能率向上だけでなく、健康維持にも大事ですから。

究極レベル3 …… 熟語・成句

動詞句

DISC2 Track23 状態・存在

0767 bear resemblance to [rizémbləns]　〜に似ている

Dolphins may **bear resemblance to** sharks but the former are mammals while the latter are fish.

イルカはサメに似ていると言えるが、前者は哺乳動物で、後者は魚である。

mammals = 哺乳動物

類 動 **resemble** [rizémbl]　〜に似ている

0768 cast a pall over [pɔ́ːl]　〜に影を投げかける

The disappearance of the two children **has cast a pall over** the town's Christmas celebrations.

二人の子供が行方不明になったことが、その町のクリスマスのお祝いに影を投げ掛けている。

disappearance = 見えなくなること、失踪

☞ pallの原義は「外套」「マント」。

0769 come to a head　転機を迎える、危機に陥る

The long and bitter rivalry between the New York Yankees and the Boston Red Sox **came to a head** in 2004 when the Red Sox won the championship.

ニューヨーク・ヤンキースとボストン・レッドソックスの長くて熾烈なライバル関係は、2004年のレッドソックス優勝で転機を迎えた。

bitter = 激しい、厳しい／rivalry = 対抗関係／championship = 決勝戦

| 0770 | **cut no ice with** | ~に効果がない、~に効き目がない |

We quarreled for an hour, but his poorly constructed arguments **cut no ice with** me.

| 私たちは1時間、口論したが、彼の拙劣な組み立ての議論は私には効き目がなかった。 | quarreled =論争した、口論した／constructed =組み立てられた、構成された |

| 0771 | **fall flat** | (冗談などが)効き目がない、失敗する |

Though he is quite funny in person, the jokes in the keynote speech **fell flat**.

| 彼自身はとても面白い人だが、基調演説の中で彼が言った冗談はうけなかった。 | in person =本人は／keynote speech =基調演説 |

| 0772 | **feel one's oats** [óuts] | 元気を取り戻す、元気になる |

Having finally won a championship, the high school basketball team is finally beginning to **feel its oats**.

決勝戦に勝って、その高校のバスケットボールチームはようやく元気を取り戻しつつある。

☞ 競馬に由来する。馬がoats(カラス麦)を食べて元気を取り戻すことから。

| 0773 | **get entangled in** [intæŋgld] | ~に巻き込まれる、~に絡まる |

Before **getting entangled in** Iraq, the U.S. had the sympathy and support of the world in its "war on terror."

| イラク(問題)に巻き込まれるまでは、米国は、「対テロ戦争」を展開するに当たり、世界中から同情と支持を得た。 | sympathy =同情／war on terror =対テロ戦争 |

☞ 人が物理的に物に巻き込まれたりする場合にも使われる。

究極レベル 3 ...... 熟語・成句

0774 get underfoot
邪魔になる、足手まといになる

My dog is always **getting underfoot** when I am cooking.

私の犬は、料理する時にいつも邪魔になる。

0775 hearken back to
[hάːrkən]
(過去や以前の話題に）さかのぼる、〜を思い出させる

His tuxedo **hearkens back to** the days of F. Scott and Zelda Fitzgerald.

彼のタキシードは、F・スコット＆ゼルダ・フィッツジェラルドの時代を思わせる。

※ F・スコット＆ゼルダ・フィッツジェラルドは、20世紀前半の米国の小説家フィッツジェラルドとその妻ゼルダのこと。

☞ harkenとつづる場合もある。

0776 lose one's bearings
自分の位置・立場を見失う

After four hours of driving through the winding mountain roads, she **lost her bearings**.

曲がりくねった山道を4時間ドライブしたあげく、彼女は道に迷った。

winding = 曲がりくねった

☞ bearingは、この「方向」「方位」の意味では常に複数形。
反 **find one's bearings** 自分の位置・立場を確保する

0777 pale beside
〜と並ぶと見劣りがする、〜に圧倒される

Grand Central Station **pales beside** the glory of the former Penn Station, a sadly demolished architectural marvel from the same era.

グランドセントラル・ステーションは、同時代の驚嘆すべき建築で、残念なことに取り壊されてしまったかつてのペン・ステーションの荘厳さと比べると、見劣りがする。

glory = 壮観、はなばなしさ／demolished = 取り壊された／architectural = 建築上の／marvel = 驚異

☞ paleの原義は「青ざめる」。

| 0778 | **pass up an opportunity** | 機会を逃す |

He is such a narcissist that he can't **pass up an opportunity** to remind friends and fans of the success of his first two novels.

| 彼はかなりのナルシストで、自分の最初の小説2作の成功話を友人やファンに思い起こさせる機会を逃しはしない。 | remind ... of ~ = …に~を思い出させる |

| 0779 | **reap the whirlwind** [hwə́:rlwind] | 自業自得になる、当然の報いを受ける |

If we do not do something about racial strife, poverty and inequality in this country, we will soon **reap the whirlwind**.

| この国の人種衝突、貧困、不平等を何とかしなければ、私たちは遠からず自業自得の目に遭うだろう。 | racial strife = 人種衝突／poverty = 貧困／inequality = 不平等 |

☞ 語源は聖書の一節。He who sows the wind will reap the whirlwind.（風の種をまく人はつむじ風を受けるだろう）から「自業自得」の意味になった。

| 0780 | **take one's lumps** | 当然の報いを受ける |

When the officer handed him the speeding ticket, he **took his lumps** without arguing.

警官が速度違反チケットを手渡した時、彼は議論せずに当然の報いを受けた。

| 0781 | **take precedence over** [présədəns] | ~に優先する |

The unfortunate reality is that the problems of today must **take precedence over** the problems of tomorrow.

| 今日の諸問題が明日の諸問題に優先することは、不幸な現実である。 | unfortunate = 不幸な |

DISC2 Track24 コミュニケーション

0782 call someone on the carpet
~を(呼びつけて)しかる

China should **be called on the carpet** for its human rights violations, said Senator Joseph Biden.

中国は人権侵害のかどで叱責されるべきだ、とジョーゼフ・バイデン上院議員は語った。

human rights = 人権／violations = 侵害／Senator = 上院議員

☞ 原義は「(英国で)主人が召使いを自室に呼んでしかる」こと。carpetを動詞として使っても同じ意味になる。
He was carpeted for the stupid mistake.
(彼は間抜けなミスを犯してしかられた)

0783 face off over
~をめぐって対決する

In the next debate, they will **face off over** issues like terrorism, healthcare and education.

次の討論会では、彼らはテロリズム、保健医療、教育などの問題をめぐって対決するだろう。

healthcare = 保健医療

☞ アイスホッケー用語のフェイスオフ(試合開始時のパックの奪い合い)に由来する。

0784 get down to brass tacks
要点に触れる、本題に入る

Instead of talking about solving the problem, we should just **get down to brass tacks** and solve it.

その問題をどう解決するか話し合う代わりに、とにかく核心に移って解決を図るべきだ。

instead of = ~の代わりに

☞ brassは「真ちゅうの」、tacksは「留め金」など。由来はさまざまな説があって不確定。

動詞句 コミュニケーション

| 0785 | **keep mum about** | ～について黙っている |

He **keeps mum about** his first marriage, which ended a year before he married his current wife.

彼は自分の最初の結婚に関しては口を閉ざしているが、その結婚が終わったのは今の奥さんと一緒になる1年前だった。

☞ 口を閉じて発声する時の擬音mumに由来する、という説がある。

| 0786 | **own up to** | (罪や過失を)認める・白状する |

Before denouncing others, I wish he would **own up to** his own mistakes.

彼には、他人を非難する前に自分の間違いを認めてほしいと思う。

denouncing = ～を非難する

| 0787 | **pipe down** | (人が)黙る、(人を)黙らせる |

We tried everything but we couldn't get our newborn baby to **pipe down** at church service.

私たちはあらゆる手段を試みたが、生まれたばかりの赤ん坊を教会の礼拝で黙らせることができなかった。

church service = 教会の礼拝

| 0788 | **put someone on notice** | (人に)通告・警告する |

We **put you on notice** that legal action will be taken if you do not pay your debt within 30 days.

もしあなたが債務を30日以内に支払わなければ、法的措置が取られることを通告します。

legal action = 法的措置／debt = 債務（bは発音しない）

☞ noticeは「通告」「警告」。on noticeのほか、on a day's notice (一日前の予告で)やon short notice (ほとんど予告なしで、急に)といった表現もよく使われる。

究極レベル3 …… 熟語・成句

0789 run roughshod over [rʌ́ʃɑd]
(人の) 利害や感情を全然考慮しない

Because of his indecisive nature, his family and friends tend to **run roughshod over** him.

彼は優柔不断なので、家族や友人は彼の感情や都合を無視しがちだ。

indecisive = 優柔不断な／tend to = ～しがちだ

☞ 形容詞 roughshodの原義は「(馬が) 滑り止めの釘付き蹄鉄を付けた」。
☞ runの代わりにrideを使ってもよい。

0790 shoot the breeze [bríːz]
無駄話をする、おしゃべりをする

Every day after work I stop in at Moe's Tavern and **shoot the breeze** with friends over a beer or two.

私は毎日、仕事のあとにモーズ・タバンに立ち寄り、友人とビールを一、二杯飲みながら無駄話をする。

stop in at = ～に立ち寄る／tavern = 居酒屋

☞ 何に由来するかは不明だが、「風を撃つ」のは確かに無駄な行為に思える。

0791 take exception to
～に異議を唱える

As someone who has lived in Houston for 20 years, I **take exception to** the notion that our city is uncultured. We have one of the best art museums in the country.

ヒューストンに20年間住んだ人間として、私は、この街に文化がないという意見に異議を唱える。ここには全国でも指折りの美術館がある。

notion = 説、意見／uncultured = 文化がない、無教養な

0792 tell on
～のことを告げ口する・言いつける

I told my little brother that he had better not **tell on** me or I would tell on him.

私は弟に、私のことを告げ口しない方がいい、さもなくばおまえのことも告げ口するから、と言い含めた。

little brother = 弟 (⇔ big brother) ／had better not = ～しない方がいい

動詞句 コミュニケーション〜動作

0793 touch base with
〜に手短に連絡して相手の動向や意見を聞く

Text messages are a great way to **touch base with** customers and help them with any questions they may have.

携帯メールは、顧客に手短に連絡を取り、顧客から質問があればそれに答えられる素晴らしい方法だ。

text messages = 携帯メール／customers = 顧客

☞ 野球に由来している。

0794 weigh in
意見を述べて、提案する、介入する

City Hall has spent a year arguing over the new traffic control system. Now they are inviting the public to **weigh in**.

市役所は新交通整理システムに関して1年間、議論してきた。今度は市民が提案を出すよう、呼びかけている。

city hall = 市役所／traffic control = 交通整理／the public = 一般の人々

DISC2 Track25 動作

0795 hightail it
急行する、急いで逃げる

Every time I crave good Cajun food, I jump in my car and **hightail it** over to Hamilton's Grill in Baton Rouge.

私は、おいしいケイジャン料理をどうしても食べたくなった時はいつも車に飛び乗り、バトンルージュのハミルトンズ・グリルまで直行する。

crave = 〜を渇望する・熱望する／jump in = 〜に飛び乗る
※ケイジャン料理は、カナダから米国のルイジアナに移住したフランス人の子孫が作っていた料理。香辛料が利いている。バトンルージュはルイジアナ州州都。

☞ シカやウサギが逃げる時に尻尾を立てて逃げることに由来する。

究極レベル3 熟語・成句

0796 home in on
(ミサイルなどが) 標的に向かう

The missile's unique software allows it to **home in on** a small part of a larger target.

そのミサイルは独自のソフトウェアのおかげで、大きな標的のほんの一部に的を絞って攻撃することができる。

0797 play hide-and-seek
隠れん坊をする

The stream winds through the trail and into the mountains **playing hide-and-seek** with hikers.

その小川は山道に沿ってくねくねと曲がり、時に山側に入り込んだりして、ハイカーたちと隠れん坊をする。

trail = 山道、遊歩道

0798 take a swing at
〜に殴り掛かる・けんかを売る

The arresting officer said that I **took a swing at** him but I didn't know he was a cop at the time.

私を逮捕しようとするその警官は、私が彼に殴り掛かったと主張するが、私はその時、彼が警官だとは知らなかった。

arresting = 逮捕しようとする／cop = 警察官（policemanの口語表現）

---

take exception toやown up toが使えるととても便利！

DISC2 Track26 行為

0799 air one's dirty laundry
内輪の恥を世間にさらす

Church officials prefer to let priests suspected of sexual abuse quietly resign rather than **air their dirty laundry** in public.

教会関係者は、世間に内輪の恥をさらすより、性的虐待の疑いのある聖職者をひそかに辞任させる方を選ぶ。

officials = 関係者、当局者／priests = 聖職者／suspected of = 〜を疑われた／sexual abuse = 性的虐待／resign = 辞任する

☞ air the dirty linen とも言う。linen は「シャツ、敷布、テーブル掛け」など。

0800 back down
(約束や前言を) 撤回する、後退する

The candidate would not **back down** in her pursuit of the White House.

その候補者は、大統領選挙戦から撤退しそうにない。

in her pursuit of = 〜を目指して・追求して／the White House = 米大統領官邸 (転じて大統領職)

0801 beat someone to the punch
(人を) 打ちのめす

Our goal is to stay one step ahead of our competitors and **beat them to the punch** when it comes to new technology.

私たちの目標は、ライバルたちの一歩先を歩み、新技術に関して彼らを打ち負かすことだ。

ahead of = 〜の前に／competitors = 競争相手、ライバル／when it comes to = 〜のことになると

0802 call the shots
牛耳る、統率する

At work Jack leads a team of 100 people but at home his wife is the one who **calls the shots**.

ジャックは職場で総勢 100 人のチームを統率するが、家では奥さんが牛耳る。

☞ ビリヤードに由来する表現。

0803 cash in one's chips
資産を売ってもうける、これまでの業績をうまく利用する

I have spent so much money trying to develop a new method of private space travel, but I think it is time to **cash in my chips**.

私は民間宇宙旅行の新手法を開発するのに大金をつぎ込んだが、どうやらこれを売ってもうける時が来たようだ。

develop = ～を開発する／space travel = 宇宙旅行

☞ ギャンブルに由来する表現。

0804 ease up on
～を緩和する・和らげる

At a time of increasingly tight restrictions on tobacco, there is no reason to **ease up on** other drugs, including alcohol.

タバコをますます厳しく規制している時代に、アルコールも含めたほかの薬物の規制を緩和する理由はない。

tight = 厳しい／restrictions = 制限、規制

0805 get a handle on
～の概要を把握する、～に対処する

It will be a long time before financial analysts **get a handle on** the actual cost of the U.S. subprime problem.

金融アナリストたちが米国のサブプライム問題の実際の損失について把握するには、長い時間が必要だろう。

financial analysts = 金融アナリスト／subprime problem = サブプライム問題（米国で信用度の低い人たち向けの住宅金融が破綻した問題）

0806 **gild the lily** [gɪld]
粉飾する、話に尾ひれを付ける、余計なことをする

The salesman almost had me convinced the old car was a good value until he decided to **gild the lily**.

そのセールスマンが話に尾ひれを付け始めるまで、私はその中古車がお買い得であるという彼の言葉を、もう少しで信じるところだった。

had me convinced = 私を納得させた／good value = お買い得

☞ 原義は「ユリに金メッキをする」。ここから「余計なことをする」「粉飾する」の意味になった。

0807 **give short shrift to** [ʃrɪft]
〜を軽くあしらう・あっさりと済ませる

His latest novel is set in Czechoslovakia in the late 1960's but it **gives short shrift to** the intricacies of the country's political crisis.

彼の最新小説は 1960 年代後半のチェコスロバキアを舞台にしているが、当時の同国の複雑な政治危機についてはあっさりと片付けている。

intricacies = 複雑さ／political crisis = 政治危機

☞ shriftの原義は「死刑囚に最後に与えられる懺悔(ざんげ)のための時間」。

類 make short shrift of 〜を簡単に片付ける

0808 **have shot one's bolt**
最後の手段を取った、今さら後に引けない

Having cut the interest rate yet again, the Federal Reserve Board **has shot its bolt**.

再び利下げを実施したことで、連邦準備制度理事会は、奥の手を使ってしまった。

interest rate = 金利、利率／the Federal Reserve Board = 連邦準備制度理事会

☞ 原義はcrossbow（大弓）のbolt（矢）を射ること。射た後、次の矢を込めるまで時間がかかるので、「最後の手段」の意味となる。

0809 have the temerity to [təmérəti]
大胆にも～する、向こう見ずにも～する

I can't believe he **has the temerity to** ask me for money when he already owes me $100.

彼はすでに私に100ドル借金しているのに、大胆にもまだ、お金を借りようとするなんて信じられない。

owes me $100 = 私に100ドル負っている

☞ temerityの形容詞はtemerarious [tèməréəriəs]（厚かましい、向こう見ずの）。

0810 lay bare
～を露呈させる、～をあらわにする

The new book on New Orleans **lays bare** many of the overlooked factors that led to the Katrina disaster.

ニューオリンズに関するその新刊本は、カトリーナ災害をもたらした、これまで見過ごされていた要因の多くをあらわにしている。

overlooked = 見過ごされた

0811 leave [A] in abeyance [əbéiəns]
Aを一時停止する、Aを一時未定にしておく

These reform proposals were **left in abeyance** because there was not enough money in the budget to pay for them.

これらの改革案は、十分な資金が予算にないため、一時棚上げとなった。

reform = 改革／proposals = 提案／budget = 予算

☞ leaveの代わりにkeepやholdを使ってもよい。

0812 leave someone in the lurch [lə́ːrtʃ]
～を窮地に置き去りにする

We all agreed to rent a cabin this summer, but everyone else backed out. Since my name was on the contract, I was **left in the lurch**.

この夏、小屋を借りようと皆で合意したものの、私以外は皆、後で撤回した。契約書に名前が載っていた私は、おかげでのっぴきならない状況に一人残された。

cabin = 小屋／backed out = 撤回した、降りた／contract = 契約（書）

☞ トランプのlurch（大負け）に由来する。

0813 make an example of 〜を見せしめにする

If you do not pay your taxes, the tax office will **make an example of** you with strict fines and possible jail time.

納税を怠れば、税務署はあなたを見せしめにするために、厳しい罰金や、ひょっとしたら懲役を課すだろう。

tax office = 税務署／fines = 罰金／jail time = 刑期

0814 make a virtue of necessity [və́ːrtʃuː] したくないことを必要とみてやむを得ずやる

Making a virtue of necessity, Detroit carmakers have finally gotten serious about offering smaller fuel-effcient cars.

いよいよ必要に迫られたデトロイトの自動車メーカーは、ついに、燃費の良いより小型の車の提供に真剣にならざるを得なくなった。

serious about = 〜に真剣で／fuel-efficient = 燃費の良い

0815 make do with 〜で間に合わせる

During the power outage we **made do with** candlelight, canned food and warm beer.

停電中、私たちはろうそくの明かりと缶詰と生温かいビールでしのいだ。

power outage (blackout) = 停電

関 **make-do** 名 間に合わせの物

0816 march in lockstep with 〜と歩調を合わせた行動をとる、〜に追従する

Though he was once known as an independent thinker, today he **marches in lockstep with** the neo-conservative movement.

かつて彼はどこにも属さない思想家として知られていたが、今は新保守主義運動に追従している。

independent = 独立した、自立した／thinker = 思想家、思考者／neo-conservative = 新保守主義の

☞ 原義は「密接行進（前後をできるだけ詰めて歩調をそろえる行進）を行う」。

0817 overplay one's hand
(自分の力を過信して) やり過ぎる

Some fear that India might push the Burmese military junta even closer to China if it **overplays its hand**.

もしインドがビルマの軍事政権に圧力をかけ過ぎれば、同政権がさらに中国に接近するのではと恐れる人もいる。

junta = 軍事政権

☞ トランプに由来する。

0818 paper over
(失敗や問題を) 糊塗する・取り繕う

The city councilor has accused the police commissioner of trying to **paper over** a rising problem with gangs.

その市会議員は、深刻化するギャング問題を隠そうとしていると市警察本部長を非難した。

city councilor = 市会議員 / has accused ... of ~ = …を~のかどで非難した / police commissioner = 警察本部長

0819 pass the buck to
責任を転嫁する

When reporters began asking the principal, about declining scores on state tests, she **passed the buck to** the school board.

記者たちが校長に対し、州試験の成績の低下について聞くと、彼女はそれを教育委員会のせいにした。

principal = 校長 / declining = 低下する / school board = 教育委員会

☞ ポーカーに由来する。buckは「次の親を示すために置く印」のこと。

☞ The buck stops here.は「自分が最終責任を取る」という意味で、米国のトルーマン大統領のモットーだった。

0820 plug away at
~を根気よく、コツコツと仕事を続ける

The graduate student spends hours in her room **plugging away at** complex mathematical problems.

その大学院生は、自分の部屋で、複雑な数学の問題に何時間も根気よく取り組む。

graduate student = 大学院生／mathematical = 数学の

0821 put a brake on
~にブレーキをかける、~を抑制する

Rising fuel costs will probably **put a brake on** any new routes being added to the airline's schedules.

燃料費の上昇は、その航空会社の運行表への新規空路追加にブレーキをかけるだろう。

fuel costs = 燃料費

0822 put the cart before the horse
本末を転倒する、順序をアベコベにする

She has already chosen a name for her son, but, since she's not ever married yet, that may be **putting the cart before the horse**.

彼女は自分の息子の名前をすでに決めたが、まだ結婚もしていないので、順序がアベコベのようだ。

0823 round off [A] with [B]
AをBで締めくくる

I usually spend the summer traveling through Europe then **round off** my vacation **with** a visit to my parents' home in Seattle.

まず欧州を旅行した後、シアトルにある両親の家を訪ねて休暇を締めくくる、というのが私の恒例の夏の過ごし方だ。

究極レベル3 — 熟語・成句

0824 stab someone in the back
〜を裏切る

She pretends to be nice but if she believes it will help her get ahead she will gladly **stab you in the back**.

彼女は善良そうなふりをしているが、自分の有利になると思ったら喜んで人を裏切るだろう。

pretends to 〜のふりをする／get ahead = 先んずる

☞ 原義は、「背後から忍び寄り背中に短刀を突き刺す」。

0825 stack the deck against
〜に不利となるように不正手段をとる

For all of the successes of the Civil Rights movement, I think America still **stacks the deck against** African-Americans.

公民権運動のあらゆる成功にもかかわらず、米国は今もアフリカ系米国人にとって不利な仕組みになっていると私は思う。

Civil Rights movement = 公民権運動／African-Americans = アフリカ系米国人 (= 黒人)

☞ トランプに由来。deckは「トランプの一組」、stackは「不正に積む」。

0826 start off on the right foot
物事を正しく始める

For my first week of work, I went in an hour early and stayed an hour late. I wanted to **start off on the right foot**.

新しい職場での最初の1週間、私は1時間早く出勤し、1時間居残った。仕事をうまく始めたかったからだ。

☞ offは省略しても良い。

0827 take a giant stride to [stráid]
〜に向けて大きく前進・進歩する

Libya, once a pariah of the West, **took a giant stride to** world respectability when it was elected as a non-permanent member of the influential United Nations Security Council.

かつては西側の嫌われ者だったリビアは、影響力のある国連安全保障理事会の非常任理事国に選ばれ、国際的信望の獲得に向けて大きく前進した。

pariah = 社会ののけ者／respectability = 社会的信望、立派な地位／non-permanent = 非常任の／United Nations Security Council = 国連安全保障理事会

0828 take the high road
正道を行く、倫理にかなったやり方をする

He always **takes the high road** with his attackers, never allowing them to draw him into an argument.

彼は自分を攻撃する者に対していつも正道で対処し、決して彼らの口論の相手にならない。

attackers = 攻撃者／draw him into = 彼を〜に引き込む

0829 tease out [tí:z]
（情報などを）何とかして入手する

House Democrats are trying to **tease out** a compromise on the new education bill.

下院の民主党議員たちは、新しい教育法案に関して何とか妥協点にたどりつこうとしている。

House = 下院／Democrats = 民主党員／compromise = 妥協／bill = 法案

0830 throw one's weight around
地位を使って周囲を威圧する

He's only been vice president for a week but that hasn't stopped him from **throwing his weight around**.

彼は副社長になって1週間たったばかりだが、それでももう地位を利用して周囲を威圧している。

hasn't stopped him from 〜 = 彼に〜をやめさせなかった

0831 toe the line
命令・指示に従う

The new CEO demands all executives **toe the line** with the new corporate responsibility measures.

今度の最高経営責任者は、幹部全員に対し、新しい企業責任手段に従うよう要求している。

CEO (Chief Executive Officer) = 最高経営責任者／corporate = 企業の

0832 twiddle one's thumbs
[twidl]

暇をつぶす

Politicians in Washington **twiddle their thumbs** while the U.S. debt gets larger and larger.

米国の借金が増える一方なのに、政治家たちはワシントンで暇をつぶしている。

☞ 原義は「両手を組んで親指を回す」。

0833 upset the apple cart
[ǽplkɑ̀ːrt]

現状や計画を覆す

I would like to point out the problems with the policies of my company but I don't want to be the one to **upset the apple cart**.

自分の会社の方針に関する問題点を指摘したいとは思うが、現状を覆す人間にはなりたくない。

☞ 原義は「リンゴの手押車をひっくり返す」。

0834 vote with one's feet
(不満を示すため) 別の製品や組織に切り替える

Customers in New York readily **vote with their feet.** If they don't like your store they will happily walk to the one down the block.

ニューヨークの顧客はすぐ、宗旨変えする。一つの店が気に入らなければ、近くの別の店に喜々として足を運ぶ。

readily = すぐに、ちゅうちょせず／down the block = 通りの先の、近くの

☞ 原義は「足で投票する」。ここから「別の物・場所に移動することで好みや信条を表明する」の意味になった。

DISC2 Track27 知覚・思考

0835 go off one's rocker
気が狂う

My neighbor always seemed so nice and quiet until the day he **went off his rocker** and killed his family.

私の隣人は、ある日気が触れて自分の家族を殺害するまでは、人が善く、もの静かな人物に見えた。

☞ rockerは「ロッキングチェア」や「揺り木馬」を指す。

0836 put up a brave front
虚勢を張る、見栄を張る、勇敢な態度を装う

When her husband died, she had to **put up a brave front** for the sake of her children.

彼女は、夫が亡くなった時、子供たちのために気丈に振る舞わなければならなかった。

for the sake of = ～の利益のために

0837 split the difference
足して2で割る、違いを折半する

The car's price was $10,000. I offered $7,000 and after negotiating with the dealer for an hour, we **split the difference** and I paid $8,500.

車の値段は1万ドルだった。私は7000ドルを提示したが、ディーラーと1時間ほど交渉した末、間を取って8500ドルで落ち着いた。

☞ 例えば、Aが3を主張し、Bが5を主張する時、両者の主張を足して2で割り、4にすること。要するに、機械的な妥協方法。

究極レベル3 — 熟語・成句

0838 stand corrected
誤りを認める、訂正を受け入れる

I was certain that Sao Paulo was the capital of Brazil but I **stand corrected**.

サンパウロがブラジルの首都だと確信していましたが、間違いを認めます。

☞ 主語がIの場合がほとんど。

0839 stand pat
現状を維持する、そのままにしておく

Though he is pro-immigration, he plans to **stand pat** on the issue until the campaign is over.

彼は移民賛成派ではあるが、選挙運動が終わるまでその問題については何もしないでいるつもりだ。

pro-immigration = 移民賛成派の / campaign = 選挙運動

☞ トランプに由来。「ポーカーで手を引っ込めない」が原義。

0840 stew in one's own juice
自業自得で困る

After his sexist comment was delivered in front of a New York City feminist group, they let him **stew in his own juice**.

彼がニューヨーク市のフェミニスト団体の前で性差別的な発言をした後、彼女たちは彼を自業自得でおろおろするままにさせておいた。

sexist = 性差別主義の / was delivered = 〜が述べられた / feminist = 女権拡張論の

☞ stewは「とろとろ煮える」。

0841 strike a responsive chord with
[rispánsiv] [kɔ́ːrd]
〜の共感を得る

The senator **struck a responsive chord with** voters whenever he talked about helping the middle class.

その上院議員は、中産階級を支援すると発言するたびに、有権者たちの共感を得た。

senator = 上院議員 / middle class = 中産階級

☞ chordは「楽器の弦」「心の琴線」。

動詞句 知覚・思考～ 名詞句 政治・経済・法律

| 0842 | **take a hard look at** | ～を真剣に再考する、～を詳しく見る |

The government should **take a hard look at** what is happening in its public schools.

| 政府は、公立学校で何が起こっているのかに真剣に目を向けるべきだ。 | public schools = 公立学校 |

| 0843 | **take [A] with a grain of salt** | Aという話を割り引いて聞く、Aをうのみにしない |

According to *the New York Times*, I will lose the election but I **take** that paper's projections **with a grain of salt.**

| 『ニューヨークタイムズ』紙によれば、今回の選挙で私は負けるらしいが、同紙の予測は割り引いて聞くことにする。 | according to = ～によれば／projections = 予測 |

☞ a grain of saltは「塩の一粒」。

名詞句

DISC2 Track28 政治・経済・法律

| 0844 | **a law unto itself** | 法の私物化、慣例の無視 |

The California State Supreme Court has become **a law unto itself**, attempting to craft legislation from the bench.

| カリフォルニア州最高裁は判事席から立法を行おうとし、自ら立法府と化してしまった。 | Supreme Court = 最高裁／craft = ～を作り上げる／legislation = (検討中の) 法律／bench = 判事席 |

☞ もちろん、ネガティブな意味で批判的に使われる。

0845 casting vote
キャスティング・ボート、決定投票

Using her **casting vote**, she finally broke the congressional stalemate on the technology bill.

彼女は自分の決定投票によって、技術関連法案をめぐる議会の膠着状態をようやく打開した。

congressional = 議会の／stalemate = 行き詰まり

☞ 賛否同数の時（または賛否同数にするために）、議長が投ずる票のこと。
関 cast one's vote 投票する

0846 grist for someone's mill
[grist]
〜のもうけ・利益

The publication of a photograph of their rival company's founder shaking hands with the dictator was **grist for their mill**.

その会社の競争会社の創設者が独裁者と握手している写真が公表されたことは、同社に利する結果となった。

founder = 創設者／dictator = 独裁者

☞ ことわざのAll is grist that comes to the mill.に由来する。「製粉所に来る物は皆、製粉用の穀物になる」から「何でも利用する」の意味になり、この言葉が派生した。
☞ grist to someone's millとも言う。

0847 statute of limitations
[stǽtʃuːt]
時効

In the U.S. there is no **statute of limitations** for murder.

米国では殺人に時効は存在しない。

murder = 殺人

☞ statuteは「法令」「法律」。

DISC2 Track29 社会・関係性

0848 a matter of life and death
死活問題

For me, baseball is **a matter of life and death**.

私にとって野球は生きるか死ぬかの問題だ。

☞ 日本語の「生か死か」につられてa matter of life <u>or</u> deathとすると間違い。

0849 arrow in the quiver
[kwívər]

手段の一つ

The police department should be an **arrow in the quiver** of our city in its search for development.

警察署は、発展を求めるわが市にとって、手段の一つであるべきだ。

in its search for = ～を求めて
※警察による治安維持は街の発展に欠かせない要素の一つである。

☞ 原義は「矢筒の中の矢」。

0850 pie in the sky
絵に描いたモチ

His economic plan may be enough to get him elected, but I think it is **pie in the sky**.

彼の経済計画は彼を当選させるには十分かもしれないが、私から見れば「絵に描いたモチ」である。

究極レベル3 …… 熟語・成句

0851 sacrificial lamb
いけにえの子羊、他人の罪を負わされる者

The Bush administration valued loyalty above everything and, consequently, there were many **sacrificial lambs** when things went wrong.

ブッシュ政権では何よりも忠誠が重んじられ、その結果、政策がうまくいかなくなった時には多くのスタッフがいけにえの子羊となった。

administration = 政権／ valued = 〜を重んじた／ consequently = その結果／ went wrong = 失敗した

類 **scapegoat** [skéipgòut] スケープゴート、身代わり

DISC2 Track30 行為

0852 fear-mongering [máŋgəriŋ]
(自己利益のために) 恐怖をわざと広めること

The media's **fear-mongering** over terrorism has led to more than one attack on citizens of Middle Eastern ancestry.

メディアがテロリズムの恐怖をわざとあおったおかげで、中東系市民は一度ならず攻撃を受けた。

Middle Eastern = 中東の／ of 〜 ancestry = 〜系の (ancestry は「先祖」)

☞ mongerは「行商人」「〜屋」。例えばfishmongerは「魚屋」。そこでfear-mongeringは「恐怖を行商して回ること」を意味する。

0853 hocus-pocus [hóukəs póukəs]
手品、ごまかし、ペテン

I don't think he can actually do any of the things he proposes. It is all political **hocus-pocus**.

彼は自分の提案をどれ一つとしてちゃんと実行できないと私は思う。それは全部、政治的なごまかしだ。

proposes = 〜を提案する

☞ 語源は不明だが、昔の手品師がショーの際に使ったラテン語っぽい呪文に由来するという説がある。

名詞句　社会・関係性〜行為〜性格・傾向・人

0854 mischief-making
[mistʃːf]

被害・損害を与えること、トラブルを起こすこと

The mayor's ties to a right-wing activist group could be used for political **mischief-making** by his opponents.

市長の右翼活動団体との関係は、彼の敵対者たちによって政治的な悪だくみに使われる可能性がある。

opponents = 敵、反対者

☞ mischiefには「いたずら」「わるさ」のほかに「被害・損害」の意味もある点に注意。

0855 race to the bottom

低きを目指す競争

In terms of lowering wages, these countries are in a **race to the bottom**.

賃金引き下げという点では、これら諸国は低きを目指す競争をしている。

in terms of = 〜の点で

反 race to the top　頂上を目指す競争

DISC2 Track31 性格・傾向・人

0856 chink in one's armor

弱点、欠点

The Yankees may seem all-powerful but the **chink in their armor** is their overconfidence.

ヤンキースはまさに最強のようだが、彼らの弱点はその自信過剰にある。

all-powerful = 全能の／overconfidence = 自信過剰

☞ 原義は「鎧の割れ目」。そこから「弱点」の意味になった。

究極レベル3 ── 熟語・成句

0857 **800-pound gorilla** — 抗し難く無視し得ない組織・人物・問題

Everyone talks about rising oil prices but no one wants to discuss the **800-pound gorilla**: Saudi Arabia.

誰もが石油高を論じているが、抗し難く無視し得ないあの存在については誰も論じたがらない。すなわちサウジアラビアについてだ。

☞ 600(900)-pound gorillaとも言う。体重800ポンドのゴリラが部屋に座っていれば、抗し難く、無視できないのは当たり前！ ビジュアル的で面白い英語表現の一つ。

DISC2 Track32 位置関係・相対関係・立場

0858 **no mean feat** — 並々ならぬ仕事・手柄

Getting Democrats and Republicans to put politics aside for the week-long charity event was **no mean feat**.

民主党員と共和党員に政治を忘れさせ、1週間に及ぶ慈善行事を行わせることは並々ならぬ仕事だ。

getting 〜 to do ... = 〜に…させる／put 〜 aside = 〜を脇に置く／charity = 慈善

☞ meanは「平凡な」「並の」、featは「手柄」「偉業」。

0859 **opposite number** — 同等の地位にいる人

The president of China will have to work closely with his **opposite number** in India to resolve the border conflict.

中印の国境紛争を解決するためには、中国の国家主席とインドの同位の政治家が緊密に協力し合わなければならないだろう。

border conflict = 国境紛争

類 **counterpart** [káuntərpà:rt] 対応する物・人、同地位の人物

名詞句　性格・傾向・人～位置関係・相対関係・立場～場所・位置・形

| 0860 | ***primus inter pares*** [práiməsìntəpǽriːz] | 同輩中の第一人者 |

The U.S. must maintain its status as ***primus inter pares*** among other nations.

米国は、諸国家の中で「首位国家」の地位を維持しなければならない。

☞ ラテン語表現。

類 **first among equals** 同輩中の等頭

| 0861 | **the crème de la crème** [krém] [də] [lɑː] | 精髄、最上層 |

Because of its history and enormous endowment, Harvard University draws **the crème de la crème** of young, gifted scholars.

その歴史とばく大な基金ゆえに、ハーバード大学は若くて才能のある学者の中の精髄を引き寄せている。

enormous = ばく大な／endowment = 寄付金、基金／gifted = 才能のある／scholars = 学者

☞ 「社交界の粋」を意味するフランス語に由来する。

DISC2 Track33 場所・位置・形

| 0862 | **hunting ground** | 猟場、草刈場 |

Chinese basketball courts have been a **hunting ground** for talent scouts ever since the Houston Rockets signed Yao Ming.

ヒューストン・ロケッツがヤオ・ミンと契約してからというもの、中国のバスケットボール界はスカウトの猟場になっている。

ever since = 〜してからというもの
※ヒューストン・ロケッツは、テキサス州ヒューストンのプロバスケットボールのチーム。

DISC2 Track34 感情・感覚

0863 breast-beating
大げさな感情表現

He mentioned September 11 in every speech, no matter what the topic. With his re-election, it looks like all of the **breast-beating** paid off.

テーマが何であれ、彼は演説のたびに9.11テロ事件に言及した。彼が再選されたのを見ると、その大げさな悲嘆の表明はすべて成果を上げたようだ。

mentioned = ～を話に出した／re-election = 再選／paid off = 成果を上げた

☞ 自慢や悲嘆などの感情を胸をたたいて大げさに表現すること。この言葉にはたいてい、皮肉が含まれる。

0864 herd mentality
群衆心理

Teenagers follow a **herd mentality**, listening to the same music and wearing the same clothes as their friends.

10代の子供たちは群集心理に従い、友達の聞く音楽を聞き、友達の着る服を着る。

☞ herdは「群れ」「群衆」。
herd instinct 群れたがる本能

0865 Hobson's choice
ジレンマ、えり好みの許されない選択

The only restaurant in town is a Chinese restaurant. So if you don't like Chinese food, you cannot eat anything in town. It's a **Hobson's choice**.

その町の唯一の料理店は中華料理店だ。もし中華料理が好きでなければ、その町では食べるものがない。ジレンマである。

☞ 16-17世紀英国の馬屋経営者、Thomas Hobsonが客に「この馬が嫌なら、貸さない」と主張したことに由来する。客には「嫌な馬を借りる」か「手ぶらで帰る」かの選択しかない。要するに、二つの嫌な選択肢から一つを選ぶことを強いられること。言い換えればジレンマ。

| 0866 | **self-flagellation** [flædʒəléiʃən] | 自虐、自責 |

My cousin lives in a house with no plumbing or electricity. Though I am an environmentalist, I don't believe in such **self-flagellation**.

| 私のいとこは給排水も電気もない家に住んでいる。私は環境保護主義者だが、そんな自虐行為を良しとしない。 | plumbing = 給排水 |

☞ 原義は「自分へのむち打ち」。
☞ 「自虐史観」は self-flagellant view of one's history と訳せる。
形 self-flagellant [sélf flǽdʒələnt]　自虐の

DISC2 Track35 物・道具

| 0867 | **crystal ball** | (将来を占う)水晶球 |

I don't have a **crystal ball** but it's obvious that the days of $60 oil are over.

| 私は将来を占う水晶球は持っていないが、石油が1バレル60ドルの時代が終わったことは明白だ。 | obvious = 明らかな |

| 0868 | **magic wand** [wɔ́nd] | 魔法の杖 |

If I had a **magic wand**, I'd use it to solve our energy crisis, but instead it's going to take the commitment of government and the public.

| 私に魔法の杖があれば、それを振ってエネルギー危機を解決するのだが、実際にはその解決には政府と国民両方による献身が必要となるだろう。 | energy crisis = エネルギー危機／commitment = 献身、参加 |

☞ wave a magic wand (魔法の杖を振る) の形でよく使う。

形容詞句

DISC2 Track36 性質・外見・状態

0869 be armed to the teeth
完全武装して

We don't know where the drug dealers are getting their weapons from, but they **are armed to the teeth**.

麻薬売人たちがどこから武器を調達しているかは分からないが、連中は完全武装している。

drug dealers = 麻薬売人

0870 be shrouded in secrecy
[ʃráudid] [síːkrəsi]

秘密に包まれて

It appears that Microsoft has been meeting with the company to discuss an acquisition but the details of the meeting **are shrouded in secrecy**.

マイクロソフトは買収に関してその会社と交渉中のようだが、交渉の詳細は秘密に包まれている。

acquisition = 買収／details = 詳細（通常、複数形）

0871 dead as a doornail
完全に死に体で、まったく活動がなく

If every song ever recorded became available online for free, the music industry would be **dead as a doornail**.

これまでに録音された曲がすべてオンラインで無料で入手可能となれば、音楽業界は完全に死に体となる。

available = 入手可能な／for free = 無料で

☞ 昔、ドアに飾り用に打ったビョウ釘がdoornail。

DISC2 Track37 感情・態度・姿勢

0872 ad hominem
[æd][hɔ́mənəm]

人身攻撃的な (に)

She routinely fills her weekly column with **ad hominem** attacks on the president.

彼女の毎週のコラムは決まって、大統領に対する人身攻撃で一杯である。

routinely = 決まって、いつも

☞ ラテン語表現。adは「〜へ」、hominemは「人」。
☞ 形容詞としても副詞としても使われる。
☞ an ad hominem attack (人身攻撃) の形でよく使われる。

0873 at loggerheads over
[lɔ́(:)gərhèdz]

〜をめぐって争って

Democrats and Republicans are **at loggerheads over** the healthcare issue.

民主党員と共和党員は、保健医療問題をめぐって争っている。

healthcare = 保健医療

☞ loggerheadには「棒の先に鉄球の付いた道具」などの意味があるが、イディオムの由来は不明。

0874 be confounded by
[kɑnfáundid]

混乱して、まごついて

When I went looking for a new TV, I **was confounded by** all the new technology.

新しいテレビを買いに行ったら、あらゆる新しい技術にまごついてしまった。

究極レベル3 …… 熟語・成句

0875 take-no-prisoners
（人目を気にしない）強硬な態度の

Stanley Kubrick raised hackles with many of the people he worked with due to his **take-no-prisoners** attitude toward filmmaking.

スタンリー・キューブリックは、映画製作についてのその強硬な態度で、仕事仲間の多くを怒らせた。

raised hackles = 背中の毛を逆立てさせた、怒らせた／due to = 〜の理由で
※キューブリックは今は亡き米国人映画監督。

☞ 原義は「捕虜を取らずに、徹底的に敵と戦う」。
☞ take-no-prisoners attitude（強硬な態度）という形でよく使われる。

DISC2 Track38 位置関係・相対関係・立場

0876 at one's nadir [néidər]
どん底で

Given the folly of Iraq, I believe the neo-conservative movement is **at its nadir**.

イラクでの愚行を見れば、新保守主義運動はそのどん底にあると私は思う。

given = 〜を考慮すると／folly = 愚行／neo-conservative = 新保守主義の

☞ 反意語at one's zenithとともに原義は天文学用語。nadir（天底）⇔zenith（天頂）
反 at one's zenith 全盛期で

0877 be born out of wedlock [wédlɑk]
庶出の、婚外子の

Though he was intelligent and hardworking, he never entered high society because in the 18th century to **be born out of wedlock** was still a significant taboo.

聡明で働き者だったが、彼は上流社会に決して入れなかった。なぜなら、18世紀において私生児としての出生はまだ相当のタブーだったからである。

intelligent = 聡明な／significant = 相当の、かなりの

☞ wedlockは「婚姻、結婚生活」。
反 **be born in wedlock**　嫡出の

0878 be caught between a rock and a hard place　苦境に立たされて

With his bank demanding payment on the loan and his ex-wife demanding alimony, he **is caught between a rock and a hard place**.

銀行からはローン返済を求められ、元妻からは離婚手当を求められて、彼は苦境に立っている。

payment on the loan = ローン返済／alimony = 離婚扶養料

☞ 「岩」と「硬い場所」のどちらに座るか。どっちを取っても辛い。

0879 behind the eight ball　窮地にある

I've been working hard to get out of debt for years but I am still **behind the eight ball**.

借金から抜け出そうと何年も勤勉に働いているのに、私は依然、窮地の状態にある。

get out of = ～から抜け出す

☞ ビリヤードで、8と書かれた黒球を落とすか落とさないかで勝負が決まるゲームに由来。

0880 be poles apart from　～とは別世界で、～とまったく異なる

They have been happily married for over 20 years, which is surprising because they **are poles apart from** each other in terms of personality.

彼らが幸せな結婚生活を20年以上も続けているのは驚きだ。なぜなら、彼らの性格はまったく正反対だからだ。

in terms of = ～の点で／personality = 性格

☞ このpolesは「北極と南極」を意味する。

0881 **in harness**
① 平常の仕事(配備)について
② (夫婦などが) 協力して

① Now that we're all back **in harness**, we should focus on doing our best with the new semester.

私たちは皆、平常の生活に戻ったので、新学期で最善を尽くすことに集中すべきだ。

now that = 今や~したので / focus on = ~に集中する / semester = 学期

☞ harness「馬具」「武具」に由来する。それらを付けて仕事にかかることから。

0882 **not beyond criticism**
批判がない訳ではない、とがめがない訳ではない

He may be president, but he is **not beyond criticism**.

彼は大統領かもしれないが、彼への批判がない訳ではない。

☞ 一種の二重否定。

0883 **on the rebound**
① 回復して ② 反動で

① After finishing in last place last year, the team's reputation has been **on the rebound** since they began a seven game winning streak.

昨年、最下位となったそのチームは、連続7勝して以来、評判を回復してきた。

reputation = 評判 / winning streak = 連続勝利

0884 **on the ropes**
追い詰められて

Gilmore's tiny local bookstore has been **on the ropes** ever since the rise of online shopping.

オンライン・ショッピングが始まってからというもの、ギルモア氏の小さな地元の本屋は追い詰められている。

tiny = 小さな、ちっぽけな

☞ ボクシングに由来する。

副詞句

DISC2 Track39

0885 ad nauseam [æd][nɔ́ːziəm]
嫌気が差すほど、うんざりするほど

We keep hearing **ad nauseam** that we shouldn't worry about the coming recession.

やってくる不況を心配すべきではない、と私たちは嫌気が差すほど聞かされている。

recession = 不況、不景気

☞ ラテン語表現。ad (〜に) + nauseam (吐き気)。

0886 by a factor of
〜倍に、〜の比率で

In the small California town, whites still outnumber minorities **by a factor of** three.

カリフォルニアのその小さな町では、いまだに白人の数が人種的少数派の3倍もいる。

outnumber = 〜より数が多い／minorities = 人種的少数派

0887 hardly ever
ほとんど〜しない

My son **hardly ever** smiles or laughs except when he is with his friends.

私の息子は友達といる時以外は、ほとんどほほ笑んだり笑ったりしない。

☞ ネイティブでも間違ってhardly neverと言うことがある。
類 **almost never** ほとんど〜しない

究極レベル3 熟語・成句

0888 in consequence [kánsəkwèns]
その結果

Central Park was developed **in consequence** of the need to provide New Yorkers with a place for peace and quiet in the city.

セントラルパークは、ニューヨーク市民に平安で静かな場所を提供する必要性があったことから開かれた。

was developed = 開かれた、開発された／ provide ... with ～ = …に～を提供する

☞ in consequence of（～の結果として）の形でも、よく使われる。

0889 in fits and starts
思い出したように、断続的に

His economic reforms began to take shape **in fits and starts**.

彼の経済改革が断続的な形で実現し始めた。

reforms = 改革／ take shape = 実現する

0890 in the final analysis [ənǽləsis]
結局のところ、つまるところ

In the final analysis, people vote based on how a candidate makes them feel.

結局のところ人々は、候補者が自分たちにどういう感情を抱かせるかに基づいて投票する。

candidate = 候補者

0891 like a duck to water
きわめて自然に

She's only been rock climbing for three months but she has taken to it **like a duck to water**.

彼女は岩登りを始めて3カ月しか経っていないが、きわめて自然にそれになじんだ。

☞ 文字通り「アヒルと水の関係のように」。take to（～が気に入る、～になじむ）と一緒に使われることが多い。つまり、take to～like a duck to water（きわめて自然に～になじむ）の形でよく使われる。

0892 on the nod — 暗黙の了解で

Though we usually argue over travel plans for hours, this time we made the decision to go to Barbados **on the nod**.

私たちは普段、旅行プランについて何時間も議論するのだが、今回のバルバドス島行きは暗黙の了解で決まった。

Barbados = バルバドス（カリブ海の島国で英連邦加盟国）

☞ nod（うなずき）が転じて「同意・承諾」の意味になり、この表現が生まれた。

0893 on the sly — 内緒で、こっそりと

We met in a crowded bar, and pretended not to know each other. I sat next to him and he handed me the briefcase full of money **on the sly**.

私たちは混んだ酒場で落ち合い、お互い知らないふりをした。私は彼の隣に座り、彼は札束でいっぱいのブリーフケースを私にこっそり渡した。

pretended not to = 〜でないふりをした／full of = 〜で溢れた

☞ slyはもともと「内緒の」という形容詞。

0894 on the spur of the moment — その時の弾みで

They decided to fly to Rome **on the spur of the moment**, but after they'd booked their ticket they realized they couldn't find a babysitter.

彼らはその場の弾みでローマへの空の旅を決定したが、切符の予約をした後、ベビーシッターが見つからないことに気づいた。

☞ spurは「刺激」「あおり」。

0895 out of harm's way — 害を受けない所で、安全な場所で

I keep **out of harm's way** by always being home before midnight and never walking the streets alone.

私は真夜中になる前に帰宅し、決して一人歩きをしないことで身の安全を守っている。

反 **in harm's way** 危ないところに

0896 over the course of time
この間ずっと

They have grown apart **over the course of time**, but they are still married.

二人はこの間ずっと疎遠になっていったが、しかしいまだに結婚している。

have grown apart = 疎遠になった

0897 without further ado [ədúː]
それでは早速

Without further ado, please let me introduce today's lecturer.

それでは早速、本日の講師を紹介させていただきます。

☞ このadoは「遅滞」という名詞（= delay）。
☞ 講演会などでの決まり文句。

その他

DISC2　Track40

0898 in line with
〜とほぼ一致して、〜と調和して

The company said revenues and operating profits for the third quarter were **in line with** expectations.

その会社は、第3四半期の総利益と営業利益は期待値とほぼ一致すると発表した。

revenues = 総利益／operating profits = 営業利益／expectations = 期待

0899 Not so fast.
そうあわてないで、そんなに結論を急ぐな

Many people believe a man should not have a woman's name, but **not so fast!**, says Mr. Elizabeth Butler.

男性は女性名を名乗るべきではないと信じる人は多い。でも「そう結論を急がないで！」と言うのは男性のエリザベス・バトラー氏だ。

☞ 相手が性急な結論を出そうとする時にいさめる表現。会話や討論でよく使われる。

0900 one and all — 皆々様

I would like to express my gratitude to you, **one and all**.

| 私は皆さん一人ひとりに感謝したいと思います。 | gratitude = 感謝 |

☞ 特に集団に話し掛ける時に使う。

0901 the devil is in the details — 厄介なのは細部

The key to writing a good novel is not the plot but the characters, he says. **The devil is in the details**.

| 良い小説を書くカギは筋ではなく、登場人物だと彼は言う。厄介なのは細部描写である。 | the key to = ～へのカギ／ plot = 筋／ characters = 登場人物 |

0902 There's the rub. — それが問題だ。

The plan calls for marble columns but we can't afford the marble; **there's the rub**.

| そのプランには大理石の柱が必要だが、それを調達する余裕がない。それが問題だ。 | columns = 柱、円柱 |

☞ シェークスピア劇『ハムレット』の中のセリフ "To sleep; perchance to dream; ay, there's the rub."（眠れば多分夢を見る。そう、それが問題だ／ perchance = 多分）からきている。中世英語だが、今でも時々使われる。
類 That's the problem. それが問題だ。

0903 under the belief that — ～と信じて

I've long operated **under the belief that** you should never buy food in a bowling alley.

| 私はずっと前から「ボウリング場で食べ物は買うべきじゃない」という信念で通してきた。 | I've long operated = ずっと通してきた／ bowling alley = ボウリング場 |

究極レベル3 ⋯⋯ 熟語・成句

0904　We have our work cut out for us.　課題は分かっている、やるべきことが目の前にある

With six months to go before the election and most of our campaign money spent, **we have our work cut out for us**.

選挙まであと6カ月しかなく、選挙資金もほぼ底をついた今、私たちがやらねばならないことは明白だ。

☞ We have our work cut out for us. でほぼ完全な決まり文句だが、主語をIやyouなどに入れ換えることもできる。

0905　when push comes to shove [ʃʌv]　いざとなったら

He seems naive and inexperienced but **when push comes to shove**, he is the most reliable person I know.

彼は素朴で経験不足のように見えるが、いざとなったら彼は私の知っている中で一番頼りになる人物だ。

naive = 素朴な、うぶな／inexperienced = 経験不足の／reliable = 頼りになる

☞ shoveは「ひと押し、ひと突き」。
類 **when the chips are down**　いざとなったら（ポーカーに由来）

> ゴールイン！　頑張りましたね。
> 2巡3巡して「知識人の英語」をモノにしましょう。

Mr. 向江の英語ライフ
Break Time Column from N.Y. 7

忘れられないフレーズ

いつ、どこで出合ったか思い出せないが、忘れられないフレーズや言葉が人には皆、あります。私の場合、"All animals, except man, know that the principal business of life is to enjoy it." です。19世紀英国の小説家Samuel Butlerの言葉です。「人生の主要事業がそれを楽しむことであることは、人間以外の動物なら皆、知っている」とでも訳せましょうか。働くことを人生の目的にしているのは動物界では人間だけで、他の動物は人生（？）を楽しんでいる、というふうに解釈できます。

バトラーは面白い人です。聖職者一族に生まれながら、当時の英国の教会と社会の欺瞞性に嫌気が差し、英国植民地のニュージーランドに移住します。そこでの体験を基に小説 *Erewhon* を出版。書名はNowhereのつづりを変えたもので、そこでは人は病気になると罰せられ、大学は学生に意味あることを一切言わないよう教育する、という逆ユートピア小説です。また彼は、同時代人のダーウィンの進化論を茶化して、人間は、より早く進化する機械に支配されるだろうという予言もしています。

動物のように人生を楽しむこともできず機械に支配されている人間、というイメージは、21世紀を予兆していたかのようです。

Related Word List
関連語リスト

究極レベル1〜3に出て来た語句の関連語の中から、特に重要なものをピックアップしました。これらもマスターすれば、極上の1000語を完全制覇！

Disc 2 Track 41

	通し番号		発音記号		元となる語の通し番号

動詞

	通し番号	単語	発音記号	意味	元番号
□□□	0906	**affirm**	[əfə́ːrm]	〜を断言する・肯定する	0011
□□□	0907	**confabulate**	[kənfǽbjulèit]	談笑する、討論する	0478
□□□	0908	**culture**	[kʌ́ltʃər]	〜を養殖する	0021
□□□	0909	**exculpate**	[ékskʌlpèit]	無罪証明をする	0739
□□□	0910	**fledge**	[fledʒ]	羽がはえそろう、大人になる	0717
□□□	0911	**fleet**	[fliːt]	(時間が)いつの間にか過ぎる	0278
□□□	0912	**metastasize**	[mətǽstəsàiz]	転移する	0592
□□□	0913	**nitpick**	[nítpìk]	あら探しをする	0565
□□□	0914	**resonate**	[rézənèit]	反響する、共鳴を呼ぶ	0225
□□□	0915	**unnerve**	[ʌnnə́ːrv]	不安にさせる	0244

名詞

	通し番号	単語	発音記号	意味	元番号
□□□	0916	**accusation**	[ækjuzéiʃən]	非難、告訴	0640
□□□	0917	**accused**	[əkjúːzd]	(刑事裁判の)被告	0034
□□□	0918	**blandisher**	[blǽndiʃər]	ゴマすり屋	0521
□□□	0919	**cherub**	[tʃérəb]	(天使の)ケルビム	0612
□□□	0920	**citation**	[saitéiʃən]	召喚、表彰	0016
□□□	0921	**counterexample**	[káuntərigzǽmpl]	反例、反証	0479
□□□	0922	**counterpart**	[káuntərpàːrt]	対応する物・人、同地位の人物	0859
□□□	0923	**crackdown**	[krǽkdàun]	厳重取締、弾圧	0107
□□□	0924	**delusion**	[dilúːʒən]	錯覚、妄想	0234
□□□	0925	**dichotomist**	[daikátəmist]	二元論者	0495
□□□	0926	**disinvestment**	[dìsinvéstmənt]	投資の引き揚げ・撤収	0035
□□□	0927	**divestment**	[divéstmənt]	投資の引き揚げ・撤収	0035

通し番号		発音記号		元となる語の通し番号
☐☐☐ 0928	**dualism**	[djúːəlizm]	二元論	0495
☐☐☐ 0929	**dummy**	[dʌ́mi]	愚か者	0551
☐☐☐ 0930	**embezzlement**	[imbézlmənt]	使い込み、横領	0473
☐☐☐ 0931	**emblem**	[émbləm]	象徴、記章	0262
☐☐☐ 0932	**exuberance**	[igzúːbərəns]	熱狂、多大な幸福感	0237
☐☐☐ 0933	**fallacy**	[fǽləsi]	間違った考え、欺まん	0652
☐☐☐ 0934	**hostility**	[hɑstíləti]	敵意、敵愾心	0212
☐☐☐ 0935	**hypothesis**	[haipɑ́θəsis]	仮説、仮定	0266
☐☐☐ 0936	**interlocution**	[ìntərləkjúːʃən]	対話	0559
☐☐☐ 0937	**pictogram**	[píktəgræm]	象形文字、絵文字	0511
☐☐☐ 0938	**plaintiff**	[pléintif]	原告	0034
☐☐☐ 0939	**prognosis**	[prɑgnóusis]	予後、治療後の経過予測	0065
☐☐☐ 0940	**proponent**	[prəpóunənt]	提案者、支持者	0554
☐☐☐ 0941	**rebellion**	[ribéljən]	反乱	0439
☐☐☐ 0942	**recidivist**	[risídəvist]	常習犯	0528
☐☐☐ 0943	**reverse**	[rivə́ːrs]	裏側	0582
☐☐☐ 0944	**synergy**	[sínərdʒi]	相乗効果、シナジー	0713
☐☐☐ 0945	**wane**	[wéin]	(月の)欠け、現象	0541

形容詞

☐☐☐ 0946	**abominable**	[əbɑ́mənəbl]	嫌悪感を催す	0533/0633
☐☐☐ 0947	**acrimonious**	[æ̀krəmóuniəs]	きつい、辛辣な	0596
☐☐☐ 0948	**amicable**	[ǽmikəbl]	愛想の良い、友好的な	0228
☐☐☐ 0949	**analogous**	[ənǽləgəs]	似ている	0187
☐☐☐ 0950	**anomalous**	[ənɑ́mələs]	変則的な、異常な	0201
☐☐☐ 0951	**appalling**	[əpɔ́ːliŋ]	ギョッとさせる	0073
☐☐☐ 0952	**approximate**	[əprɑ́ksəmət]	おおよその、大体の	0709
☐☐☐ 0953	**blushful**	[blʌ́ʃfəl]	赤面する、はにかむ	0453
☐☐☐ 0954	**brazen**	[bréizn]	ずうずうしい	0544

通し番号		発音記号		元となる語の通し番号
0955	canine	[kéinain]	犬のような	0222
0956	choosy	[tʃúːzi]	えり好みする、気難しい	0653
0957	climatic	[klaimǽtik]	気候の、風土的な	0062
0958	collusive	[kəlúːsiv]	共謀の	0183
0959	competitive	[kəmpétətiv]	競争の、競争を好む	0042
0960	controversial	[kὰntrəvə́ːrʃəl]	議論の種になる	0069
0961	convincing	[kənvínsiŋ]	納得させる、説得力のある	0688
0962	delirious	[dilíəriəs]	錯乱した、狂乱的な	0590
0963	detestable	[ditéstəbl]	忌まわしい、実に不愉快な	0633
0964	diagnostic	[dàiəgnάstik]	診療の	0065
0965	dichotomous	[daikάtəməs]	二元論の	0495
0966	disparaging	[dispǽridʒiŋ]	けなした、さげすんだ	0457
0967	duplicitous	[djuːplísətəs]	二心のある、二枚舌の	0553
0968	eery/eerie	[íəri]	不気味な	0283
0969	endogenous	[endάdʒənəs]	内因的な、内生の	0703
0970	ensuing	[insúːiŋ]	結果として続いて起こる	0735
0971	exoteric	[èksətérik]	一般人にも分かる、公教的な	0272
0972	expeditious	[èkspədíʃəs]	迅速な	0154
0973	eye-catching	[áikætʃiŋ]	人目を引く	0074
0974	full-fledged	[fúlflédʒd]	成熟した、一人前の、本格的な	0717
0975	glaring	[gléəriŋ]	ギラギラ輝く、めざわりな	0223
0976	hostile	[hάstl]	敵意のある、敵対する	0697
0977	incantatory	[inkǽntətɔ̀ːri]	呪文の	0504
0978	indisputable	[ìndispjúːtəbl]	議論の余地のない、論を待たない	0721
0979	jovial	[dʒóuviəl]	陽気な、楽しい	0636
0980	lamentable	[ləméntəbl]	痛ましい、不出来の	0030
0981	long-standing	[lɔ́ːŋ stǽndiŋ]	積年の、長年の	0723
0982	lucrative	[lúːkrətiv]	金になる、もうかる	0470
0983	neurotic	[njuərάtik]	神経症の	0594

Related Word List
関連語リスト

	通し番号		発音記号		元となる語の通し番号
☐☐☐	0984	**nomothetic**	[nɑ̀məθétik]	普遍的法則に関する	0705
☐☐☐	0985	**opprobrious**	[əpróubriəs]	(行為などが)不真面目な	0483
☐☐☐	0986	**permeable**	[pə́ːrmiəbl]	多孔性の、透過性の	0224
☐☐☐	0987	**pertinent**	[pə́ːrtənənt]	適切な、要を得た、関連する	0720
☐☐☐	0988	**preemptive**	[priémptiv]	先制の	0157
☐☐☐	0989	**prefatory**	[préfətɔ̀ːri]	序文の、前置きの	0513
☐☐☐	0990	**reminiscent**	[rèmənísnt]	思い起こさせる	0172
☐☐☐	0991	**resultant**	[rizʌ́ltənt]	結果として起こる	0735
☐☐☐	0992	**rueful**	[rúːfəl]	悲しげな、沈んだ	0174
☐☐☐	0993	**shoddy**	[ʃádi]	粗末な、安物の	0620
☐☐☐	0994	**stingy**	[stíndʒi]	ケチくさい、ケチケチする	0669
☐☐☐	0995	**unabated**	[ʌ̀nəbéitid]	和らぐことなく	0342
☐☐☐	0996	**unrestrained**	[ʌ̀nristréind]	制約されない、のびのびした	0270

副詞

☐☐☐	0997	**extemporaneously**	[ekstèmpəréiniəsli]	即席で、即興で	0375
☐☐☐	0998	**implicitly**	[implísitli]	暗示的に、それとなく	0284

熟語

☐☐☐	0999	**at one's zenith**		全盛期で	0876
☐☐☐	1000	**herd instinct**		群れたがる本能	0864

Index
インデックス

A

Word	No.	LEVEL
abandon	0542	3
abate	0342	3
abhorrent	0633	3
abide by	0149	2
abominable	0946	
abomination	0533	3
abysmal	0271	2
accolade	0041	1
accusation	0916	
accusatory	0640	3
accused	0917	
acrimonious	0947	
acrimony	0596	3
adequate	0089	1
ad hominem	0872	3
adjourn	0408	3
ad nauseam	0885	3
adumbration	0578	3
affable	0228	2
affirm	0906	
afoot	0282	2
aghast	0229	2
air one's dirty laundry	0799	3
airtight	0258	2
akin	0086	1
alacrity	0543	3
a law unto itself	0844	3
alert	0010	1
allay	0127	2
all too often	0329	2
alms	0476	3
a matter of life and death	0848	3
amenable	0641	3
amicable	0948	
analogous	0949	
analogy	0187	2
anathema	0477	3
animosity	0212	2
annihilate	0409	3
anomalous	0950	
anomaly	0201	2
antagonistic	0697	3
antic	0049	1
anticipate	0026	1
antinomy	0487	3
aplomb	0202	2
apotheosis	0579	3
appalled	0073	1
appalling	0951	
apposite	0714	3
apprehension	0175	2
approximate	0952	
apropos	0756	3
arguably	0100	1
arresting	0074	1
arrow in the quiver	0849	3
arteriosclerosis	0589	3
articulate	0083	1
as opposed to	0332	2
aspersion	0488	3
assert	0011	1
astride	0757	3
atavistic	0642	3
at large	0114	1
at loggerheads over	0873	3
atone for	0452	3
at one's behest	0333	2
at one's nadir	0876	3
at one's zenith	0999	

272

☐ at the front	0115	1
☐ augment	0128	2
☐ aver	0361	3
☐ awry	0260	2

B LEVEL

☐ back down	0800	3
☐ backstop	0410	3
☐ bailiwick	0464	3
☐ bald	0068	1
☐ ballistic	0634	3
☐ barnstorm	0411	3
☐ barring	0121	1
☐ be armed to the teeth	0869	3
☐ bear resemblance to	0767	3
☐ beat someone to the punch	0801	3
☐ be behind on	0325	2
☐ be born out of wedlock	0877	3
☐ be bound to	0326	2
☐ be caught between a rock and a hard place	0878	3
☐ be confounded by	0874	3
☐ befuddled	0635	3
☐ behind the eight ball	0879	3
☐ be in the ballpark	0327	2
☐ belie	0343	3
☐ bellow	0139	2
☐ be poles apart from	0880	3
☐ bereaved	0698	3
☐ berserk	0643	3
☐ berth	0061	1
☐ be shrouded in secrecy	0870	3
☐ best	0412	3
☐ bibulous	0752	3
☐ blandisher	0918	
☐ blandishment	0521	3
☐ blatant	0075	1
☐ blistering	0230	2
☐ bludgeon	0413	3
☐ blunder into	0001	1
☐ blurb	0489	3
☐ blurt out	0362	3
☐ blush	0453	3
☐ blushful	0953	
☐ bode well	0129	2
☐ boisterous	0231	2
☐ boom-and-bust	0315	2
☐ boon	0033	1
☐ brazen	0954	
☐ brazenness	0544	3
☐ break	0012	1
☐ breast-beating	0863	3
☐ bring [A] into the fold	0297	2
☐ bristle at	0166	2
☐ brogue	0490	3
☐ brood over	0167	2
☐ browbeat	0414	3
☐ bruit about	0363	3
☐ bureaucratese	0491	3
☐ burly	0220	2
☐ buxom	0753	3
☐ by a factor of	0886	3
☐ by contrast	0119	1

C LEVEL

☐ call someone on the carpet	0782	3
☐ call the shots	0802	3
☐ canine	0955	
☐ canister	0217	2
☐ cantankerous	0644	3

☐ capitalize	0015	1
☐ carrot and stick	0316	2
☐ cash in one's chips	0803	3
☐ cast a pall over	0768	3
☐ casting vote	0845	3
☐ cataclysmic	0715	3
☐ catch on with	0103	1
☐ cavalier	0079	1
☐ caveat	0188	2
☐ cave in	0310	2
☐ cavil at	0364	3
☐ chasten	0365	3
☐ cherub	0919	
☐ cherubic	0612	3
☐ chimera	0597	3
☐ chink in one's armor	0856	3
☐ chip in	0150	2
☐ choosy	0956	
☐ cinch	0545	3
☐ cipher	0546	3
☐ circumvent	0151	2
☐ citadel	0209	2
☐ citation	0920	
☐ cite	0016	1
☐ clamber over	0395	3
☐ clash	0052	1
☐ climate	0062	1
☐ climatic	0957	
☐ coax	0140	2
☐ cocksure	0645	3
☐ coddle	0366	3
☐ cogent	0688	3
☐ collusion	0183	2
☐ collusive	0958	
☐ comb through	0415	3

☐ come across as	0111	1
☐ come as no surprise	0311	2
☐ come away with	0312	2
☐ come to a head	0769	3
☐ comeuppance	0492	3
☐ come up with	0112	1
☐ competition	0042	1
☐ competitive	0959	
☐ compile	0017	1
☐ complacent	0232	2
☐ concomitant	0734	3
☐ confab	0478	3
☐ confabulate	0907	
☐ confluence	0210	2
☐ confound	0416	3
☐ consensual	0261	2
☐ consequent	0735	3
☐ contend for	0152	2
☐ contentious	0069	1
☐ conterminous	0699	3
☐ contrarian	0547	3
☐ contributory	0700	3
☐ contrite	0646	3
☐ contrived	0247	2
☐ controversial	0960	
☐ controversialist	0548	3
☐ convincing	0961	
☐ convivial	0636	3
☐ countenance	0367	3
☐ counterexample	0921	
☐ counterpart	0922	
☐ counterproposal	0479	3
☐ crackdown	0923	
☐ crack down on	0107	1
☐ craggy	0613	3

☐ craven	0233	2
☐ crotchety	0647	3
☐ crowd out	0417	3
☐ cryptology	0493	3
☐ crystal ball	0867	3
☐ crystalline	0614	3
☐ culture	0908	
☐ cut no ice with	0770	3

D LEVEL

☐ dabble in	0418	3
☐ dastardly	0648	3
☐ daunting	0090	1
☐ dead as a doornail	0871	3
☐ deep-six	0419	3
☐ defendant	0034	1
☐ defenestrate	0396	3
☐ deleterious	0615	3
☐ delirious	0962	
☐ delirium	0590	3
☐ deliver	0018	1
☐ delude	0454	3
☐ delusion	0924	
☐ delusional	0234	2
☐ demeanor	0056	1
☐ demonic	0742	3
☐ denouement	0494	3
☐ dereliction	0522	3
☐ deserving	0087	1
☐ detestable	0963	
☐ devolution	0465	3
☐ devout	0235	2
☐ diagnosis	0065	1
☐ diagnostic	0964	
☐ dicey	0701	3

☐ dichotomist	0925	
☐ dichotomous	0965	
☐ dichotomy	0495	3
☐ didactic	0649	3
☐ die down	0344	3
☐ die hard	0104	1
☐ die out	0345	3
☐ differ	0002	1
☐ differentiate	0168	2
☐ digression	0534	3
☐ dilatory	0736	3
☐ dimwitted	0689	3
☐ disabuse	0368	3
☐ discombobulate	0455	3
☐ discomfit	0456	3
☐ discomfiture	0480	3
☐ disconnect	0184	2
☐ discourse	0189	2
☐ discrete	0702	3
☐ disingenuous	0248	2
☐ disinvestment	0926	
☐ dismantle	0153	2
☐ disparage	0457	3
☐ disparaging	0966	
☐ disputant	0549	3
☐ disputatious	0650	3
☐ disquisition	0496	3
☐ distillation	0550	3
☐ divestiture	0035	1
☐ divestment	0927	
☐ divine	0369	3
☐ divulge	0141	2
☐ doable	0690	3
☐ docket	0176	2
☐ dodgy	0259	2

☐ doldrums	0213	2
☐ dolt	0551	3
☐ dotage	0552	3
☐ downplay	0169	2
☐ downside	0036	1
☐ dragoon	0420	3
☐ drag out	0346	3
☐ drawdown	0466	3
☐ drawl	0497	3
☐ drudgery	0523	3
☐ drumfire	0535	3
☐ dualism	0928	
☐ dummy	0929	
☐ dupe	0421	3
☐ duplicitous	0967	
☐ duplicity	0553	3
☐ dustbin	0607	3
☐ dustup	0536	3
☐ duumvirate	0467	3

E — LEVEL

☐ ease up on	0804	3
☐ eclecticism	0498	3
☐ edifying	0743	3
☐ eerily	0283	2
☐ eery/eerie	0968	
☐ effect	0422	3
☐ egg on	0370	3
☐ egregious	0221	2
☐ 800-pound gorilla	0857	3
☐ elliptical	0744	3
☐ elucidate	0423	3
☐ emaciated	0754	3
☐ embezzlement	0930	
☐ emblem	0931	

☐ emblematic	0262	2
☐ endearing	0236	2
☐ endogenous	0969	
☐ enervate	0347	3
☐ ensconce	0397	3
☐ ensuing	0970	
☐ entertain	0027	1
☐ enunciate	0371	3
☐ epitaph	0499	3
☐ epithet	0500	3
☐ eponymous	0263	2
☐ equate	0170	2
☐ equivocate	0372	3
☐ esoteric	0272	2
☐ etiology	0591	3
☐ eventuate in	0348	3
☐ every bit	0120	1
☐ eviscerate	0373	3
☐ excise	0019	1
☐ exculpate	0909	
☐ exculpatory	0739	3
☐ execrable	0716	3
☐ execute	0020	1
☐ exogenous	0703	3
☐ exoteric	0971	
☐ expedite	0154	2
☐ expeditious	0972	
☐ explicitly	0284	2
☐ exponent	0554	3
☐ expound on	0374	3
☐ extemporaneously	0997	
☐ extemporize	0375	3
☐ extraneous	0704	3
☐ exuberance	0932	
☐ exuberant	0237	2

☐ eye-catching	0973

F LEVEL

☐ facade	0063	1
☐ face down	0142	2
☐ face off over	0783	3
☐ facetious	0651	3
☐ factor in	0028	1
☐ fallacious	0652	3
☐ fallacy	0933	
☐ fall back on	0298	2
☐ fall flat	0771	3
☐ fall through	0130	2
☐ farm	0021	1
☐ fastidious	0653	3
☐ fatuous	0691	3
☐ fawning	0654	3
☐ fear for	0171	2
☐ fear-mongering	0852	3
☐ feed off	0131	2
☐ feel one's oats	0772	3
☐ feline	0222	2
☐ fete	0143	2
☐ fidgety	0655	3
☐ fiend	0555	3
☐ fire up	0029	1
☐ fitful	0737	3
☐ fit in with	0288	2
☐ flaccid	0616	3
☐ flare	0066	1
☐ flatly	0285	2
☐ fledge	0910	
☐ fledgling	0717	3
☐ fleet	0911	
☐ fleeting	0278	2

☐ flesh out	0376	3
☐ flippant	0656	3
☐ flipside	0580	3
☐ flophouse	0608	3
☐ fluke	0537	3
☐ flyover	0177	2
☐ food for thought	0317	2
☐ forbear	0424	3
☐ forebear	0556	3
☐ foreboding	0598	3
☐ foregone	0264	2
☐ fortuitous	0718	3
☐ fritter away	0425	3
☐ full-fledged	0974	
☐ full-out	0719	3
☐ full-throated	0657	3
☐ furtive	0658	3
☐ futile	0273	2

G LEVEL

☐ gaffe	0196	2
☐ gainsay	0377	3
☐ galvanize	0349	3
☐ garrulous	0745	3
☐ gear up for	0299	2
☐ germane	0720	3
☐ gesticulate	0398	3
☐ get a handle on	0805	3
☐ get bogged down	0289	2
☐ get down to brass tacks	0784	3
☐ get entangled in	0773	3
☐ get hold of	0300	2
☐ get the upper hand	0290	2
☐ get underfoot	0774	3
☐ giddy	0238	2

☐ gild the lily	0806	3
☐ given	0043	1
☐ give short shrift to	0807	3
☐ glad-hand	0378	3
☐ gladiator	0203	2
☐ glaring	0975	
☐ glitch	0053	1
☐ gloat over	0458	3
☐ gloss over	0379	3
☐ goad	0426	3
☐ go off one's rocker	0835	3
☐ grandstanding	0524	3
☐ grate on	0459	3
☐ gratuitous	0265	2
☐ grimace at	0399	3
☐ grist for someone's mill	0846	3
☐ gruff	0249	2
☐ grumble	0144	2
☐ grungy	0617	3
☐ guffaw	0599	3
☐ gumption	0600	3

H LEVEL

☐ haggle out	0427	3
☐ hail from	0003	1
☐ halcyon	0637	3
☐ hands-off	0280	2
☐ happenstance	0538	3
☐ hardly ever	0887	3
☐ hardy	0070	1
☐ harp on	0380	3
☐ haunt	0211	2
☐ have recourse to	0301	2
☐ have shot one's bolt	0808	3
☐ have the temerity to	0809	3

☐ headstrong	0659	3
☐ hearken back to	0775	3
☐ heedless	0660	3
☐ heinous	0239	2
☐ heir	0057	1
☐ helmsman	0557	3
☐ helter-skelter	0618	3
☐ hem in	0350	3
☐ herd instinct	1000	
☐ herd mentality	0864	3
☐ hereafter	0758	3
☐ hidebound	0661	3
☐ hightail it	0795	3
☐ Hobson's choice	0865	3
☐ hocus-pocus	0853	3
☐ hokum	0501	3
☐ home in on	0796	3
☐ hone	0132	2
☐ hortatory	0662	3
☐ hostile	0976	
☐ hostility	0934	
☐ hubris	0214	2
☐ hunker down	0351	3
☐ hunting ground	0862	3
☐ hush up	0428	3
☐ hyperkinetic	0663	3
☐ hypothesis	0935	
☐ hypothetical	0266	2

I LEVEL

☐ iconography	0502	3
☐ idiographic	0705	3
☐ idolatrous	0746	3
☐ if anything	0122	1
☐ if only	0123	1

☐ imbue	0381	3
☐ immaculate	0071	1
☐ imminent	0091	1
☐ immutable	0706	3
☐ implicitly	0998	
☐ imprimatur	0503	3
☐ impute	0429	3
☐ inadvisable	0707	3
☐ incantation	0504	3
☐ incantatory	0977	
☐ in conformity with	0334	2
☐ in connection with	0335	2
☐ in consequence	0888	3
☐ incontrovertible	0721	3
☐ indiscretion	0197	2
☐ indisputable	0978	
☐ ineffable	0747	3
☐ ineptitude	0558	3
☐ inexorable	0722	3
☐ infantilism	0505	3
☐ in fits and starts	0889	3
☐ infuriating	0240	2
☐ in harness	0881	3
☐ iniquity	0481	3
☐ in isolation from	0336	2
☐ in line with	0898	3
☐ inoculate against	0352	3
☐ in one's prime	0116	1
☐ insidious	0274	2
☐ insight	0058	1
☐ insipid	0619	3
☐ insolent	0664	3
☐ intent	0080	1
☐ interim	0096	1
☐ interlocution	0936	
☐ interlocutor	0559	3
☐ interlude	0190	2
☐ interpellation	0468	3
☐ interregnum	0469	3
☐ in the final analysis	0890	3
☐ in the know	0328	2
☐ in the red	0117	1
☐ in times of	0337	2
☐ inured	0665	3
☐ invective	0506	3
☐ invertebrate	0560	3
☐ inveterate	0723	3
☐ in-your-face	0250	2
☐ irksome	0638	3

J — LEVEL

☐ jerry-built	0620	3
☐ jettison	0430	3
☐ jittery	0241	2
☐ jovial	0979	
☐ junket	0525	3

K — LEVEL

☐ kangaroo court	0318	2
☐ keep [A] under wraps	0302	2
☐ keep mum about	0785	3
☐ knack	0059	1

L — LEVEL

☐ lackadaisical	0666	3
☐ lackey	0204	2
☐ lackluster	0076	1
☐ laconic	0748	3
☐ laggard	0561	3
☐ lament	0030	1

- ☐ lamentable ⋯⋯ 0980
- ☐ lapse ⋯⋯ 0050 1
- ☐ lash out against ⋯⋯ 0303 2
- ☐ lassitude ⋯⋯ 0601 3
- ☐ lay bare ⋯⋯ 0810 3
- ☐ lay out ⋯⋯ 0004 1
- ☐ leave [A] in abeyance ⋯⋯ 0811 3
- ☐ leave someone in the lurch ⋯⋯ 0812 3
- ☐ leery ⋯⋯ 0251 2
- ☐ legerdemain ⋯⋯ 0526 3
- ☐ lend credence to ⋯⋯ 0304 2
- ☐ letup ⋯⋯ 0527 3
- ☐ lick ⋯⋯ 0155 2
- ☐ like a duck to water ⋯⋯ 0891 3
- ☐ line one's pockets ⋯⋯ 0305 2
- ☐ listless ⋯⋯ 0667 3
- ☐ lodestar ⋯⋯ 0581 3
- ☐ long-shot ⋯⋯ 0060 1
- ☐ long-standing ⋯⋯ 0981
- ☐ lose one's bearings ⋯⋯ 0776 3
- ☐ lucrative ⋯⋯ 0982
- ☐ lucre ⋯⋯ 0470 3
- ☐ lurid ⋯⋯ 0223 2

M LEVEL

- ☐ machination ⋯⋯ 0198 2
- ☐ magic wand ⋯⋯ 0868 3
- ☐ make an example of ⋯⋯ 0813 3
- ☐ make a virtue of necessity ⋯⋯ 0814 3
- ☐ make do with ⋯⋯ 0815 3
- ☐ make inroads into ⋯⋯ 0306 2
- ☐ make-work ⋯⋯ 0178 2
- ☐ malodorous ⋯⋯ 0621 3
- ☐ mandate ⋯⋯ 0037 1
- ☐ march in lockstep with ⋯⋯ 0816 3
- ☐ mean business ⋯⋯ 0313 2
- ☐ measured ⋯⋯ 0081 1
- ☐ memorandum ⋯⋯ 0045 1
- ☐ metastasis ⋯⋯ 0592 3
- ☐ metastasize ⋯⋯ 0912
- ☐ mete out ⋯⋯ 0431 3
- ☐ mettle ⋯⋯ 0205 2
- ☐ miasma ⋯⋯ 0539 3
- ☐ middling ⋯⋯ 0708 3
- ☐ midriff ⋯⋯ 0593 3
- ☐ mien ⋯⋯ 0562 3
- ☐ might as well ⋯⋯ 0338 2
- ☐ milk ⋯⋯ 0432 3
- ☐ mimesis ⋯⋯ 0507 3
- ☐ minion ⋯⋯ 0563 3
- ☐ mischief-making ⋯⋯ 0854 3
- ☐ miscreant ⋯⋯ 0564 3
- ☐ miscue ⋯⋯ 0199 2
- ☐ modality ⋯⋯ 0482 3
- ☐ moot ⋯⋯ 0275 2
- ☐ mortgage ⋯⋯ 0038 1
- ☐ muff ⋯⋯ 0433 3
- ☐ mull over ⋯⋯ 0460 3
- ☐ mush ⋯⋯ 0508 3

N LEVEL

- ☐ neglectful ⋯⋯ 0668 3
- ☐ neologism ⋯⋯ 0509 3
- ☐ neurosis ⋯⋯ 0594 3
- ☐ neurotic ⋯⋯ 0983
- ☐ neutralize ⋯⋯ 0133 2
- ☐ niggardly ⋯⋯ 0669 3
- ☐ nitpick ⋯⋯ 0913
- ☐ nitpicking ⋯⋯ 0565 3
- ☐ no mean feat ⋯⋯ 0858 3

☐ nomothetic	0984	
☐ nonaggression	0471	3
☐ nonentity	0566	3
☐ noose	0218	2
☐ not beyond criticism	0882	3
☐ not least because	0124	1
☐ Not so fast.	0899	3
☐ notwithstanding	0125	1
☐ nugatory	0740	3
☐ numerate	0692	3
☐ nuptial	0200	2
☐ nurse	0400	3

O — LEVEL

☐ obfuscate	0382	3
☐ obverse	0582	3
☐ omniscient	0693	3
☐ one and all	0900	3
☐ on the grounds that	0339	2
☐ on the heels of	0126	1
☐ on the nod	0892	3
☐ on the rebound	0883	3
☐ on the ropes	0884	3
☐ on the sly	0893	3
☐ on the spur of the moment	0894	3
☐ opine	0383	3
☐ opposite number	0859	3
☐ opprobrious	0985	
☐ opprobrium	0483	3
☐ otherwise	0101	1
☐ out of harm's way	0895	3
☐ overfocus on	0384	3
☐ overplay one's hand	0817	3
☐ overshoot	0434	3
☐ over the course of time	0896	3

☐ own up to	0786	3
☐ oxymoron	0510	3

P — LEVEL

☐ pale beside	0777	3
☐ palliative	0279	2
☐ panache	0206	2
☐ pan out	0134	2
☐ papacy	0472	3
☐ paper over	0818	3
☐ parallelogram	0583	3
☐ paroxysm	0602	3
☐ parry	0156	2
☐ parsimonious	0670	3
☐ part ways with	0294	2
☐ pass muster	0105	1
☐ pass the buck to	0819	3
☐ pass up an opportunity	0778	3
☐ pasty	0622	3
☐ pat down	0401	3
☐ paternalistic	0749	3
☐ peal	0604	3
☐ peculation	0473	3
☐ penury	0484	3
☐ percolate through	0353	3
☐ perjury	0179	2
☐ permeable	0986	
☐ pertinent	0987	
☐ pester	0435	3
☐ phony	0072	1
☐ pictogram	0937	
☐ pictograph	0511	3
☐ pie in the sky	0850	3
☐ pipe down	0787	3
☐ pixelated	0623	3

☐ pizzazz	0567	3
☐ plaintiff	0938	
☐ platitude	0512	3
☐ platitudinous	0724	3
☐ play hide-and-seek	0797	3
☐ play up to	0295	2
☐ plead guilty to	0108	1
☐ plug away at	0820	3
☐ plummet	0147	2
☐ podium	0067	1
☐ point-blank	0286	2
☐ pointed	0092	1
☐ pointer	0046	1
☐ police blotter	0319	2
☐ Pollyannaish	0671	3
☐ porous	0224	2
☐ portentous	0725	3
☐ posse	0180	2
☐ pounce on	0402	3
☐ predatory	0252	2
☐ predicament	0064	1
☐ predicate	0436	3
☐ predilection	0603	3
☐ preempt	0157	2
☐ preemptive	0988	
☐ preface	0513	3
☐ prefatory	0989	
☐ preferment	0485	3
☐ premature	0097	1
☐ preposterous	0242	2
☐ prerogative	0185	2
☐ prescient	0694	3
☐ prevaricate	0385	3
☐ prig	0568	3
☐ primus inter pares	0860	3

☐ prognosis	0939	
☐ prop	0609	3
☐ prophylactic	0595	3
☐ propitiate	0386	3
☐ proponent	0940	
☐ propound	0387	3
☐ proximate	0709	3
☐ puffery	0514	3
☐ puny	0624	3
☐ pursuant	0759	3
☐ pushover	0569	3
☐ pusillanimous	0672	3
☐ put a brake on	0821	3
☐ put someone on notice	0788	3
☐ put the cart before the horse	0822	3
☐ put up a brave front	0836	3

Q   LEVEL

☐ quadrangle	0584	3
☐ quell	0158	2
☐ quest	0051	1
☐ quid pro quo	0320	2
☐ quintessential	0267	2

R   LEVEL

☐ race to the bottom	0855	3
☐ raconteur	0570	3
☐ rake in	0437	3
☐ rambunctious	0673	3
☐ rampant	0093	1
☐ rampart	0474	3
☐ ram through	0438	3
☐ rapport	0215	2
☐ rash	0082	1
☐ ream	0191	2

☐ reap the whirlwind	0779	3
☐ rebel	0439	3
☐ rebellion	0941	
☐ rebuff	0388	3
☐ recant	0389	3
☐ recidivism	0528	3
☐ recidivist	0942	
☐ recitation	0515	3
☐ recumbent	0625	3
☐ redoubt	0585	3
☐ redoubtable	0695	3
☐ reel	0031	1
☐ reflexively	0760	3
☐ regurgitate	0390	3
☐ rehash	0440	3
☐ rein in	0005	1
☐ relinquish	0159	2
☐ reminisce about	0172	2
☐ reminiscent	0990	
☐ remiss	0674	3
☐ renege on	0441	3
☐ repartee	0516	3
☐ reportedly	0102	1
☐ representation	0047	1
☐ resonant	0225	2
☐ resonate	0914	
☐ respite	0054	1
☐ resultant	0991	
☐ reticent	0675	3
☐ retrograde	0710	3
☐ revel in	0173	2
☐ revenant	0571	3
☐ reverse	0943	
☐ rife	0094	1
☐ riposte	0529	3

☐ rivulet	0605	3
☐ roam about	0403	3
☐ robust	0095	1
☐ roll back	0135	2
☐ root-and-branch	0118	1
☐ rostrum	0610	3
☐ round off [A] with [B]	0823	3
☐ rout	0006	1
☐ rue	0174	2
☐ rueful	0992	
☐ rule out	0007	1
☐ rundown	0192	2
☐ run roughshod over	0789	3
☐ run the gamut from [A] to [B]	0291	2
☐ run-through	0048	1

S LEVEL

☐ sacrificial lamb	0851	3
☐ salve	0461	3
☐ salvo	0193	2
☐ sanguine	0676	3
☐ sassy	0253	2
☐ sate	0442	3
☐ saving grace	0321	2
☐ scotch	0391	3
☐ scot-free	0741	3
☐ scurrilous	0677	3
☐ scuttle	0443	3
☐ seamy	0711	3
☐ seasoned	0084	1
☐ seaworthy	0696	3
☐ seclusion	0586	3
☐ second-guess	0145	2
☐ seek out	0022	1
☐ seize on	0444	3

☐ self-effacing	0678	3
☐ self-flagellation	0866	3
☐ send for	0445	3
☐ senescent	0626	3
☐ set [A] back	0292	2
☐ shibboleth	0517	3
☐ shill	0572	3
☐ shilly-shally	0573	3
☐ shoddy	0993	
☐ shoo-in	0574	3
☐ shoot the breeze	0790	3
☐ shopworn	0627	3
☐ shrilly	0761	3
☐ sick	0446	3
☐ sign on	0023	1
☐ silver lining	0322	2
☐ simian	0628	3
☐ simile	0518	3
☐ sine die	0762	3
☐ sit back	0032	1
☐ skid row	0587	3
☐ skimpy	0726	3
☐ skirmish with	0160	2
☐ slacken	0354	3
☐ slip-up	0530	3
☐ sliver	0219	2
☐ smarmy	0679	3
☐ smart under	0462	3
☐ smirk	0216	2
☐ smooth over	0355	3
☐ smug	0243	2
☐ smutty	0629	3
☐ snag	0055	1
☐ snuggle up to	0404	3
☐ solipsism	0575	3
☐ sophomoric	0680	3
☐ soul-searching	0323	2
☐ sound out	0392	3
☐ sow	0161	2
☐ spate	0181	2
☐ specious	0727	3
☐ split the difference	0837	3
☐ spoil for	0463	3
☐ spruce up	0162	2
☐ spurn	0393	3
☐ squadron	0039	1
☐ squander	0447	3
☐ squarely	0287	2
☐ square with	0008	1
☐ stab someone in the back	0824	3
☐ stack the deck against	0825	3
☐ staid	0254	2
☐ stall	0013	1
☐ stalwart	0040	1
☐ stand [A] in good stead	0293	2
☐ stand corrected	0838	3
☐ stand down	0307	2
☐ stand pat	0839	3
☐ stand up to	0109	1
☐ start off on the right foot	0826	3
☐ statute of limitations	0847	3
☐ stealthy	0681	3
☐ stew in one's own juice	0840	3
☐ stingy	0994	
☐ stolid	0639	3
☐ stonewall	0163	2
☐ straddle	0136	2
☐ strike a responsive chord with	0841	3
☐ stripped-down	0276	2
☐ stud	0448	3

☐ stymie	0449	3
☐ subterfuge	0531	3
☐ subtraction	0519	3
☐ succinct	0630	3
☐ suchlike	0712	3
☐ sumptuous	0277	2
☐ sunder	0356	3
☐ swab	0405	3
☐ sway	0475	3
☐ synergistic	0713	3
☐ synergy	0944	

T LEVEL

☐ table	0014	1
☐ tactile	0755	3
☐ tailspin	0182	2
☐ take a giant stride to	0827	3
☐ take a hard look at	0842	3
☐ take a swing at	0798	3
☐ take [A] with a grain of salt	0843	3
☐ take exception to	0791	3
☐ take issue with	0296	2
☐ take-no-prisoners	0875	3
☐ take one's hat off to	0314	2
☐ take one's lumps	0780	3
☐ take out	0110	1
☐ take over from	0308	2
☐ take precedence over	0781	3
☐ take stock of	0309	2
☐ take the high road	0828	3
☐ tall order	0324	2
☐ taproot	0606	3
☐ tawdry	0631	3
☐ tease out	0829	3
☐ tell on	0792	3
☐ tendentious	0750	3
☐ tepid	0255	2
☐ tersely	0763	3
☐ tether	0486	3
☐ theatrics	0194	2
☐ the crème de la crème	0861	3
☐ the devil is in the detail	0901	3
☐ the jury is still out	0340	2
☐ thematic	0268	2
☐ thereof	0764	3
☐ There's the rub.	0902	3
☐ theretofore	0765	3
☐ the writing is on the wall	0341	2
☐ threadbare	0728	3
☐ thrilled	0077	1
☐ throttle back	0357	3
☐ throw one's weight around	0830	3
☐ tidbit	0195	2
☐ time and again	0330	2
☐ timorous	0682	3
☐ tip off	0146	2
☐ toady	0576	3
☐ toe the line	0831	3
☐ torpid	0729	3
☐ touch base with	0793	3
☐ track	0024	1
☐ traction	0044	1
☐ train	0406	3
☐ transpire	0358	3
☐ trenchant	0730	3
☐ tried-and-true	0269	2
☐ trigger-happy	0683	3
☐ triptych	0520	3
☐ trotter	0207	2
☐ trounce	0450	3

☐ trudge	0407	3
☐ truncated	0751	3
☐ truncheon	0611	3
☐ twiddle one's thumbs	0832	3
☐ twists and turns	0113	1

U LEVEL

☐ umpteenth	0738	3
☐ unabated	0995	
☐ unchaste	0684	3
☐ undergird	0451	3
☐ underlying	0088	1
☐ under the belief that	0903	3
☐ unexceptionable	0731	3
☐ unfettered	0270	2
☐ unflappable	0685	3
☐ unflinching	0686	3
☐ unnerve	0915	
☐ unnerving	0244	2
☐ unquestioning	0732	3
☐ unrestrained	0996	
☐ unwieldy	0226	2
☐ upcoming	0098	1
☐ upend	0164	2
☐ upset the apple cart	0833	3
☐ upstart	0208	2

V LEVEL

☐ vacate	0137	2
☐ vagary	0532	3
☐ validity	0186	2
☐ validly	0766	3
☐ vaunted	0245	2
☐ verbiage	0577	3
☐ verdant	0632	3
☐ vest	0009	1
☐ vet	0025	1
☐ vexed	0733	3
☐ vicissitude	0540	3
☐ virulent	0687	3
☐ visceral	0246	2
☐ visionary	0085	1
☐ vituperate	0394	3
☐ vote with one's feet	0834	3

W LEVEL

☐ wager on	0165	2
☐ wallow in	0359	3
☐ wan	0227	2
☐ wane	0945	
☐ waterlog	0360	3
☐ wax	0541	3
☐ wayward	0256	2
☐ weary	0078	1
☐ wee	0099	1
☐ We have our work cut out for us.	0904	3
☐ weigh in	0794	3
☐ weighted	0281	2
☐ wellspring	0588	3
☐ when push comes to shove	0905	3
☐ wiggle	0148	2
☐ wind up with	0106	1
☐ with a vengeance	0331	2
☐ without further ado	0897	3
☐ wobble	0138	2
☐ wry	0257	2

究極の英単語
セレクション
[極上の1000語]

向江龍治 *Ryuji Mukae*

朝日新聞ニューヨーク支局リサーチャー、米ニューヨーク大学客員准教授。ニューヨーク市在住。北九州市生まれ。東京外国語大学卒、東京大学国際関係論博士課程単位取得退学、米コロンビア大学政治学Ph.D.取得。専門は国際政治。過去に外務省(在チリ日本大使館専門調査員)、米広報文化交流庁(USIA)勤務。
著作に『日本の難民政策』(ヨーロピアン・プレス、2001年)、『世界を動かすアメリカ重要人物100人』(中経出版、2001年)などがある。

2008年9月9日　初版発行

著者：	向江龍治
執筆協力：	Clay Carmouche
英文校正：	Peter Branscombe、Owen Schaefer
AD・デザイン：	岡 優太郎(synchro design tokyo)
イラスト：	おうみ かずひろ
CDナレーション：	Greg Dale、Julia Yermakov、Deirdre Merrell=Ikeda、田島裕也、木ノ内絵里
録音・編集：	中録サービス株式会社
CD製作：	株式会社学研エリオン
DTP：	株式会社秀文社
印刷・製本：	図書印刷株式会社
発行人：	平本照麿
発行所：	株式会社アルク
	〒168-8611　東京都杉並区永福2-54-12
	TEL：03-3327-1101(カスタマーサービス部)
	TEL：03-3323-2444(英語出版編集部)
アルクの出版情報：	http://www.alc.co.jp/publication/
編集部e-mailアドレス：	shuppan@alc.co.jp

アルクのキャラクターです WOWI (ウォーウィ)
WOWIは、WORLDWIDEから生まれたアルクのシンボルキャラクターです。温かなふれあいを求める人間の心を象徴する、言わば、地球人のシンボルです。
http://alcom.alc.co.jp/
学んで教える人材育成コミュニティ・サイト

©Ryuji Mukae 2008
Printed in Japan
ISBN978-4-7574-1398-6
PC: 7008041

乱丁本、落丁本、CDに不具合が発生した場合は、弊社にてお取り替えいたしております。
弊社カスタマーサービス部(電話：03-3327-1101　受付時間：平日9時〜17時)までご相談ください。
定価はカバーに表示しております。